浦东文化遗产

不可移动文物

上海市浦东新区文物保护管理所　编

上海古籍出版社

《浦东文化遗产：不可移动文物》编委会

主　　　任：夏煜静
常务副主任：赵瑞春
副　主　任：章佩茹
编　　　委：谭玉峰　张晓鹏　蔡建平　张　宏
　　　　　　杨建忠　郭南凯

主　　　编：蔡建平
副　主　编：张　宏　郭南凯
编　辑　组：张莱蕾　宋飞波　闫　丽　潘林丹
摄　　　影：李　嵘　俞杰等

前 言

　　古文化遗址、古墓葬、古建筑、石窟寺、石刻、壁画、近现代重要史迹和代表性建筑等不可移动文物是一个地区的记忆载体，记录了一地由古至今发展过程中的政治经济、文化教育、风俗习惯等诸多信息，成为人们了解当地的窗口。

　　浦东的不可移动文物虽历经岁月沧桑，仍有不少建筑、遗址存留至今。在 2007 ~ 2011 年的第三次全国文物普查工作中，浦东新区共完成了 472 处不可移动文物的调查，其中复查文物点 305 处，新发现文物点 167 处。

　　为展现自 2009 年南汇区并入浦东新区以来不可移动文物保护工作的现状与成果，展示浦东地区深厚的历史文脉，本书选取了浦东新区已正式公布挂牌的 138 处文物保护单位及登记不可移动文物，以音序为序进行介绍，希望借此提高全社会对于文物保护工作的重视。

目 录

前　言

全国重点文物保护单位

张闻天故居　　　　　　　　2

上海市文物保护单位

陈桂春住宅　　　　　　　　6
高桥仰贤堂　　　　　　　　8
黄炎培故居　　　　　　　　10
老宝山城遗址　　　　　　　12
民生码头　　　　　　　　　14
太平天国烈士墓　　　　　　16
新场第一楼书场　　　　　　18
新场信隆典当　　　　　　　20
翊　园　　　　　　　　　　22

浦东新区文物保护单位

保佑桥　　　　　　　　　　24
川沙古城墙　　　　　　　　25
川沙天主堂　　　　　　　　26
大成殿　　　　　　　　　　27
东炮台遗址　　　　　　　　28
杜宅（杜家祠堂）　　　　　29
反抽丁农民运动集会遗址　　30
傅雷旧居　　　　　　　　　31
高桥海塘抢险纪念地点　　　32
高桥黄氏民宅　　　　　　　33
高桥敬业堂　　　　　　　　34
横沔顾家楼天主堂　　　　　35

洪德桥	36	岳碑亭	69
李白等十二烈士就义纪念地点	37	浙宁会馆	70
李平书墓纪念地	38	中国第一枚自行设计制造的	
林钧故居	39	试验探空火箭 T-7M 发射场遗址	71
六墩天主堂	40	钟家祠堂	72
六灶古戏台	41	钟氏民宅	73
南汇古城墙遗址	42	钟亭及铜钟	74
南汇县保卫团第二中队队部遗址	43	朱家店抗日之战纪念地点	75
南汇县保卫团第四中队队部遗址	44	朱家潭子	76
南山寺	45		
泥城暴动党支部活动遗址	46	**浦东新区登记不可移动文物**	
潘氏宅	47		
七灶天主堂	48	艾氏民宅	78
千秋桥	49	蔡氏民宅	79
钦赐仰殿大殿	50	曹氏民宅	80
上川铁路川沙站旧址	51	陈氏住宅	81
上海溶剂厂近代建筑群	52	丁家花园	82
宋氏家族居住纪念地	53	方大复宅	83
苏家宅（东湖山庄）	54	傅家祠堂	84
汤氏民宅	55	傅雷故居	85
陶桂松住宅	56	高东黄氏民宅	86
陶家宅 1 号	57	高桥至德堂	87
吴家祠堂	58	航头城隍庙	88
吴仲超故居	59	华氏宅	89
新场耶稣堂	60	黄月亭旧居	90
新场张氏宅第	61	嘉乐堂	91
新场镇石驳岸及马鞍水桥	62	江海北关浦东办公楼	92
严桥遗址	63	江海南关验货场旧址	93
杨氏民宅	64	静心禅院	94
杨斯盛故居、杨斯盛墓及杨斯盛铜像	65	雷坛桥	95
永济桥	66	李锦伯宅	96
永乐御碑	67	李氏民宅	97
喻氏民宅	68	李氏住宅	98

林石城故居	99	徐志超宅	132
凌桥杨氏民宅	100	杨家厅	133
凌氏民宅	101	杨社庙	134
领报堂	102	洋泾农业银行旧址	135
六灶城隍庙	103	叶氏花行	136
陆氏宅	104	以道堂、以德堂	137
南码头临江民宅	105	易氏宅	138
南宋古海塘	106	由隆花园住宅	139
潘氏北宅	107	原马勒船厂办公楼、别墅	140
潘氏南宅	108	张氏住宅	141
庞松舟住宅	109	张小乙宅	142
培德商业学校旧址	110	贞节牌坊	143
浦东开发办公室	111	郑生官宅	144
其昌栈花园住宅	112	正顺酱园	145
青龙桥	113	中美火油公司东沟油库办公楼	146
庆祉堂	114	中山堂	147
屈平章宅	115	周冲宅	148
天主堂	116	朱梦荣宅	149
万安楼	117	朱玉林宅	150
王道宅	118	朱正源宅	151
王和生宅	119	庄家祠堂	152
王剑三故居	120		
王老九宅	121	索　引	153
王氏民宅	122		
王树滋宅	123	后　记	156
王正泰宅	124		
吴氏民宅	125		
奚家厅	126		
小湾区公所	127		
谢氏商铺	128		
新场崇修堂	129		
新场江倬云宅	130		
新和酱园	131		

全国重点文物保护单位

张闻天故居

祝桥镇　闻居路 50 号

清　代

全国重点文物保护单位

　　张闻天（1900～1976），又名洛甫，川沙县人。早年参加"五四"新文化运动，1925 年加入中国共产党，历任中共中央宣传部长、中央书记处书记、中共中央书记、中共中央东北局常委兼组织部长、辽宁省委书记、中国驻前苏联大使等职。故居坐北朝南，占地面积 686 平方米，建筑面积 495 平方米，三合院民居，砖木结构一正两厢房，有正屋五间、两侧厢房各两间，另有杂用房四间。1986 年 9 月陈云书"张闻天故居"匾额。

　　2001 年 6 月 25 日公布为全国重点文物保护单位。此处现为多个单位的爱国主义教育基地。

全国重点文物保护单位

上海市文物保护单位

陈桂春住宅

陆家嘴街道　陆家嘴东路15号

民　国

上海市文物保护单位

　　陈桂春住宅又名"颖川小筑",位于陆家嘴绿地南侧,原有周边附房均已拆除,现存三进两庭心,占地面积1103平方米,建筑面积1531平方米,中轴线由南至北依次为前厅、小天井、仪门、门厅、大天井、后厅,前后有廊相连。采用高低错落的西式三角形山花墙,又配以中式青红砖木交互间砌的平房结构。建筑风格中西合璧。宅主陈桂春,原籍福建长汀,从事驳运业发家。1917年落成之后,先后用作住宅、日本宪兵司令部和国民党警备司令部等。1996年陆家嘴中心绿地拆迁,这座民宅得以保留,修缮后成为陆家嘴开发陈列室,现为吴昌硕纪念馆。陈桂春住宅规模较大,建筑布局规整,做法考究,很具代表性,反映了当时的居住模式,对于研究当时当地的民居具有很高的参考价值,也是当时设计建造工艺的杰出代表。

　　2014年4月4日,陈桂春住宅被公布为上海市文物保护单位。

陆家嘴街道

上海市文物保护单位

高桥仰贤堂

高桥镇　义王路1号

民　国

上海市文物保护单位

　　高桥仰贤堂为沈佐臣旧居。临靠高桥港，建筑面积约1100平方米，主楼约640平方米，坐北朝南，砖木结构二层。平顶为晒台，楼下有地下室，四周有5米高的防火墙。沿河建有坝岸和两座河埠，楼上沿河设阳台。该宅建于20世纪30年代初，1933年竣工。宅院面北坐南，背靠界浜。建筑中西合璧，河边的驳岸工程非常艰巨和牢固，用材及内部装修考究。有优美的傍水观景阳台和亲水建筑，同时是高桥镇上第一家建有地下室的住宅。

　　2014年4月4日公布为上海市文物保护单位。

高桥镇

上海市文物保护单位

黄炎培故居

川沙新镇　新川路218号

清　代

上海市文物保护单位

　　黄炎培（1878～1965），中国近现代著名的爱国主义者和民主主义教育家，中国近代职业教育的创始人和理论家。黄炎培故居为原"内史第"第三进，现仅存第三进，为砖木结构二层楼房，有仪门，内有天井，江南传统建筑式样。始建于清咸丰九年（1859）。该宅为黄炎培的出生地，有较高的历史人文价值，同时建筑本身也反映了江南传统民居的典型特征，具有较高的艺术和科学价值。

　　1991年6月1日公布为上海市文物保护单位。

老宝山城遗址

高桥镇　杨高北一路285号

清代

上海市文物保护单位

　　老宝山城筑于康熙三十三年（1694），占地4万余平方米，方形，设四门，纵横十字街，有守备置，现存城门洞及城墙基础一段。清雍正元年（1723），分嘉定县东北四乡设宝山县，县治设于吴淞所，即宝山县城，今宝山区政府所在地，此宝山城遂称老宝山城。1984年5月4日公布为上海市文物保护地点，1986年市文物管理委员会拨款修复此遗址南门。老宝山城是目前上海少有的用于屯兵的古城遗址之一。

高桥镇

上海市文物保护单位

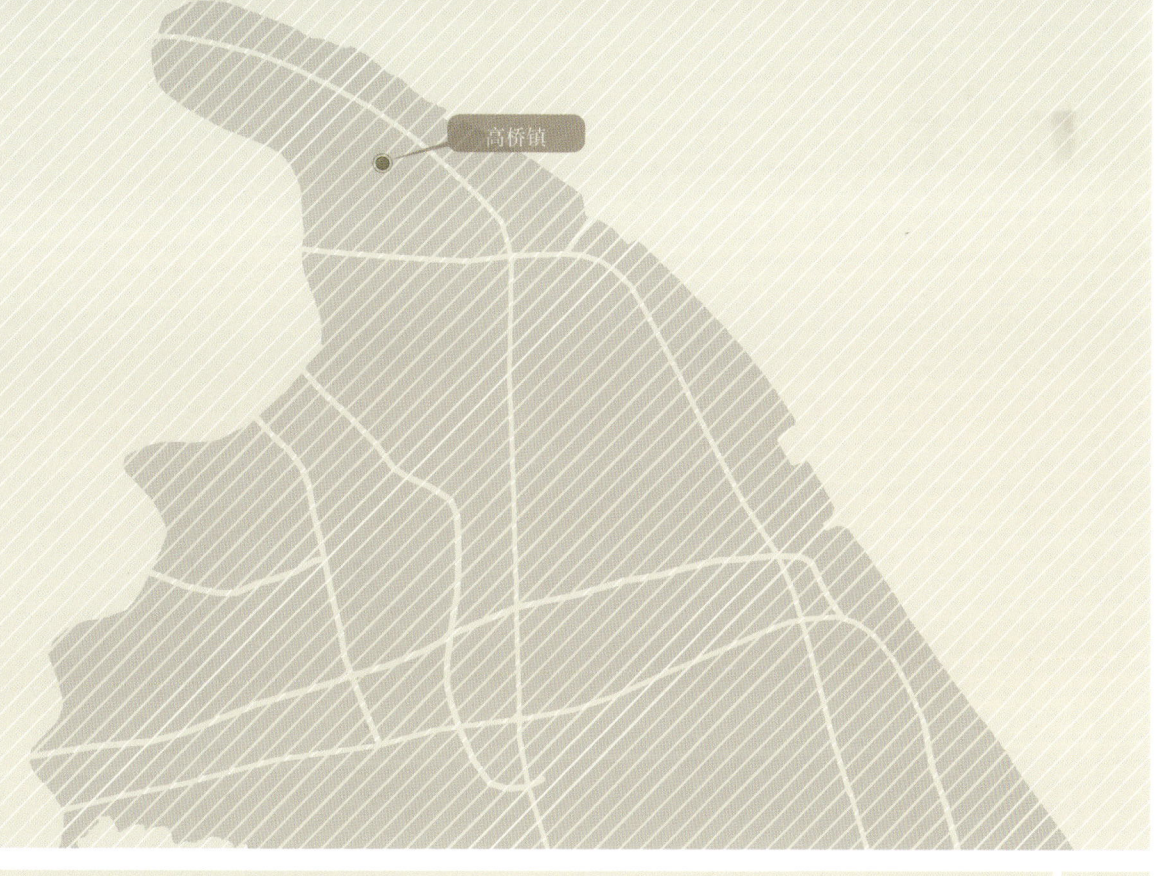

民生码头

洋泾街道　民生路3号

清末民初

上海市文物保护单位

　　民生港码头现存历史建筑包括厂房、仓库、别墅、办公区等多种类型，共十一栋，建筑规模群宏大，质量上乘。其前身为英商"蓝烟囱"码头，于清宣统二年（1910）建成。一期工程两个万吨级泊位，后又于民国十三年（1924）完成二期工程两个万吨级泊位，成为当时远东设施最先进的码头。上海解放后，民生港码头划归港务局经营，属第二装卸作业区。1986年1月16日，第二装卸区改称民生装卸公司，即包括民生港码头、洋泾港码头和朱家门码头。虽然民生港码头厂区本身面积不大，但是其中历史建筑极为密集，每栋建筑又各具特色，很能反映当时历史条件下工业建筑之特点，加之厂区内还存有早期兴建的别墅类建筑，就使得整个厂区建筑形式丰富多样。民生港内其他附属载体，如广场上因长期受压而产生自然裂缝的方形混凝土铺底，巍峨耸立的大型设备，都因承载了丰富的历史信息而有其值得珍视之处。民生港码头在其建成伊始即为当时远东设施最先进的码头，有其重要的历史地位。而至今百年之间，历经变幻，更是上海市浦江沿岸码头历史发展的见证。

　　2014年4月4日公布为上海市文物保护单位。

太平天国烈士墓

高桥镇 草高支路 1000 号

清 代

上海市文物保护单位

　　1862 年 1 月 21 日太平军主将吉庆元率兵进驻高桥，与清兵及英法侵略军激战，150 余名战士牺牲，埋葬于屯粮巷，俗称为"长毛坟"。墓台占地 400 多平方米，东西 41 米，南北 11 米，周植冬青松柏。重整后的墓长约 10 米，宽约 4 米，两端为半圆形，高约半米，其上草木繁茂。

　　1959 年 5 月 26 日公布为上海市文物保护单位。1984 年上海市文管会重修太平天国烈士墓、碑。

在十九世紀五十年代，太平天國的英雄們，完成歷史所賦予他們的革命任務，曾作了英勇的鬥爭。一八六二年，忠王李秀成勝利進軍上海，在這裏有力地打擊了外國資本主義的侵略勢力，表現了崇高的愛國主義精神。犧牲在這一次反侵略戰鬥中的太平天國英雄們永垂不朽！

公元一九五四年上海市文物保管委員會立

公元一九八四年十二月重修

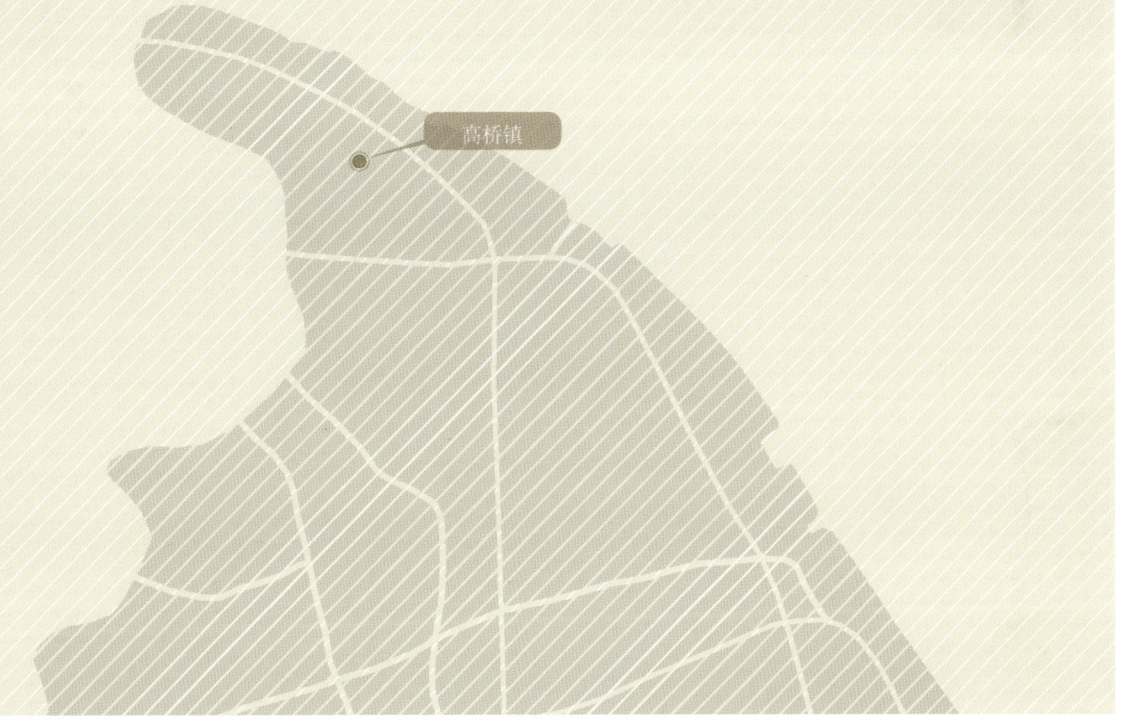

高桥镇

新场第一楼书场

新场镇 新场大街424号

清代

上海市文物保护单位

第一楼书场于清同治末年始建，20世纪20年代翻建为三层楼房，时为镇上高度第一，故俗称"第一楼"，30年代起开设书场。占地面积266.28平方米，建筑面积648.39平方米，砖木结构，四坡顶，二、三层连排玻璃窗，五架梁，临街。1940～1943年间中共地下党联络站曾设于此。2004年整体修缮，现建筑一层保留书场的使用功能，二、三层成为装修考究的茶楼。

2014年4月4日公布为上海市文物保护单位。

新场信隆典当

新场镇 新场大街367~371号

清 代

上海市文物保护单位

　　张氏置业，建于清末。占地面积1345.4平方米，建筑面积696平方米。原围墙和石库门已毁，现存房屋三进，有房二十九间，坐西朝东，砖木结构，皆面阔五间。前进为大厅，硬山灰瓦顶，荷叶山墙。大厅后原有中墙门，已拆。二、三进为口字形布局楼房，两层，进深均7米，两边各一间两层厢房。房后有护墙。现为新场历史文化陈列馆。该建筑具有江南传统民居特色。

　　2014年4月4日公布为上海市文物保护单位。

翙园

康桥镇　川周公路 2607 号

民　国

上海市文物保护单位

横沔人陈文甫于民国十年至民国十三年（1921～1924）建造（一说为受哈同委托建造），又称"小哈同花园"。占地 18731 平方米。三面环水，环境优雅，具有典型的苏州园林特色。入门内即石笋松树组成的花坛。环坛为五色鹅卵石路面，铺成"平升三级"、"马上封侯"等吉祥图案。园内主要建筑为长春禧舍和承礼堂，皆坐北朝南，砖木结构，硬山灰瓦顶。长春禧舍二层楼，面阔五间，建筑面积 290 平方米。承礼堂为平房，面阔三间，建筑面积 92 平方米，前出廊，设花式栏杆。园内还有猴潭、假山洞、九曲桥、丰虹亭、钓鱼台、古藤长廊等景点。翙园现由上海市民政第二精神卫生中心使用。

2014 年 4 月 4 日公布为上海市文物保护单位。

浦东新区文物保护单位

保佑桥

新场镇　坦直社区连南村1组

清　代

浦东新区文物保护单位

　　保佑桥又名"莲笔华桥"。明弘治十五年（1502）陆奎始建，清同治九年（1870）重建。南北走向，跨北五灶港。单孔石拱桥，长16.8米，宽2.7米，南北两端各有20步石级。桥额阳刻"重建保佑桥"。两侧有桥联："天赐龙福此日雪傅黄石，□行鳌背当年步接青云"，"最宜柳色映溪头，□误莲华升渡□"。该桥是南汇地区为数不多的石拱桥之一。

　　2010年11月3日公布为浦东新区文物保护单位。

新场镇

川沙古城墙

川沙新镇　新川路171号旁川沙古城墙公园内

明　代

浦东新区文物保护单位

川沙新镇

明嘉靖三十六年（1557）为御倭寇侵犯，川沙太学生乔镗等建议筑川沙城堡。城墙周长4里、高9米、墙基阔10米，筑12座炮台，砌372垛堞。四门均修城楼。外修四座吊桥，并开挖了一条36米宽、5米深的护城河。清代重修。民国十四年（1925）因当时政府财政入不敷出，经费匮乏，县内各公团商议拆墙卖砖充足教育经费，但为了让后人了解历史，进行观赏，又决定保留了城厢小学内东南近200米的一段城墙。"文革"期间城墙遭到破坏，西段100余米全被拆除。现尚存东城墙60余米，黄土夯筑，青砖包砌，墙基宽10米，顶宽8米，高5米。城墙东、南面有护城河，长2公里多，宽36米，深5米。

2002年1月14日公布为浦东新区文物保护单位。

川沙天主堂

川沙新镇　中市街42弄15号

清　代

浦东新区文物保护单位

　　川沙天主堂建筑平面呈拉丁十字式，大厅为巴西利卡式。外形是单钟塔，哥特式。钟楼位于主立面入口上部，顶端为尖锥形塔尖，内悬铜钟三只。底层类拱大门，二、三层分别开一扇或两扇尖拱窗，上为平顶，周立宝瓶栏杆，外墙为青、红两色相间砌成的清水墙，门窗均为尖券。教堂内部采用束柱与尖券拱肋屋顶形式，均为灰板条粉刷。堂内地面铺拼花瓷砖，壁窗玻璃绘有人物、花卉、文字。祭台有三座，供奉耶稣圣心像、圣母、若瑟怀抱耶稣像各一尊。另存卜罗德、费致和碑一通。川沙天主堂又称耶稣主心堂，始建于清同治十一年（1872）。后本堂神甫黄重裳之亲戚，海门郁兰生先生出资改建大堂，于民国十五年（1926）冬季竣工，即为现存的川沙天主堂。"文革"期间，天主堂内部设施悉遭破坏，直至1982年圣诞节举行重启礼典，现仍用作宗教活动。2002年1月14日公布为浦东新区文物保护单位。

大成殿

惠南镇　卫星东路 16 号

清　代

浦东新区文物保护单位

大成殿、泮池、泮桥为原南汇孔庙一部分，由南汇县首任县知事钦连始建于清雍正五年（1727），同治五年（1866）重建。大成殿占地1221平方米，建筑面积398平方米，坐北朝南，砖木结构，九架梁，飞椽重檐歇山琉璃瓦顶，四角斗栱飞檐翘角，正中红地金字"大成殿"匾额。泮桥为单孔石拱桥，桥长6.3米，宽2.1米。泮桥位于泮池上，泮池呈弓形，占地面积45平方米，四周石驳岸。该大殿是南汇地区保存较好的坛庙式建筑。

2010年11月3日公布为浦东新区文物保护单位。

惠南镇

东炮台遗址

高桥镇 凌桥炮台浜路118号

清 代

浦东新区文物保护单位

高桥镇

东炮台为清康熙五十七年（1718）建，与宝山两炮台遥相呼应，当时归爱国将领陈化成所辖，防倭寇。雍正十年（1732）海溢，迁建塘内。乾隆二年（1737）迁回原处。炮台为椭圆形，周长53.28米，高4.90米，黄土夯筑，包砖，现已成为高于周围的坡地。尚存石碑一通，青石质，高1.3米，宽0.61米，厚0.2米，边缘镶刻龙纹图案。碑文楷书，165字，记清康熙五十六年（1717），军政司布政杨、地方都察吴、总兵官杜等议定，在宝山嘴建造炮台一座，营房十二间。康熙五十七年（1718）立。东炮台遗址是浦东人民防御倭寇、浴血奋战的历史见证。

2002年1月14日公布为浦东新区文物保护单位。

杜宅（杜家祠堂）

高行镇　杨高北路 2856 号

民　国

浦东新区文物保护单位

杜宅，亦称"杜氏藏书楼"。因在原杜家祠堂上建造，故又被习称为"杜家祠堂"。1930 年，杜月笙在陆家堰购置农田 10.5 亩，建造杜氏家祠。杜氏家祠在 1931 年 5 月竣工。现仅存藏书楼一座，为平顶混合结构两层楼（第三层为加建），建筑面积 947 平方米，占地面积 535 平方米。主体为水刷石墙面，木质门窗，新古典主义风格，设计用材考究。原有地下室，现已淤塞封闭。杜宅目前作为办公场所使用。

2002 年 1 月 14 日公布为浦东新区文物保护单位。

反抽丁农民运动集会遗址

祝桥镇　新东村竞新 2 组

民　国

浦东新区文物保护单位

1947 年，国民党政府大举抽壮丁，中共塘东区委领导发动了反抽丁运动。是年 10 月，千余农民手拿扁担、锄头、镰刀到原竞新小学操场集合，步行到南汇东城门外，队伍长达 6 公里，人数达 2 万，迫使县长发出布告停止抽丁。2010 年 11 月 3 日公布为浦东新区文物保护单位。

傅雷（1908～1966），南汇渔潭乡（今航头）王楼村人，我国著名翻译家、文学艺术家。傅雷旧居原名曹家厅，傅雷4～12岁时居此，占地面积约752.88平方米，建筑面积559.9平方米。坐北朝南，砖木结构，九架梁，悬山灰瓦顶。该宅具有江南传统民居特色。

2010年11月3日公布为浦东新区文物保护单位。

周浦镇

傅雷旧居

周浦镇　东大街48号

清　代

浦东新区文物保护单位

高桥海塘抢险纪念地点

高桥镇　凌桥沿海海塘

1949 年

浦东新区文物保护单位

高桥镇

　　原为宝山县的江东土塘，筑于清雍正十一年（1733），时简称东塘。北起吴淞口，南至黄家湾与钦公塘相接，长14.5公里。乾隆五年（1740），在土塘之内建护城石塘。道光十五年（1835），林则徐主修宝山海塘时，修复东塘各段残缺。1949年7月，上海市市长陈毅亲自指挥修复冲毁的缺口20余处。1950年又大修。1950年初，市政府拨款，对高桥海塘全部加高加固，海塘高程达到6米，塘顶加宽到5米。今为浦东新区人民塘之北段，外侧砌块石护坡和丁字坝，长出滩涂。

　　2002年1月14日公布为浦东新区文物保护单位，并立碑纪念。

高桥黄氏民宅

高桥镇　西街133弄3号

民　国

浦东新区文物保护单位

高桥镇

高桥黄氏民宅建于20世纪初。建筑面积约1000平方米。坐北朝南，前有砖雕门楼。三进，砖木结构。第一、二进为二层楼房，底层船篷轩回廊，二楼走马楼，堂挂"润德堂"匾额，梁枋、窗棂、门扇多有精致木雕。观音兜山墙，格子窗，坡顶，青瓦屋面，白灰墙面。第三进有五间平房。宅主黄文钦，生于1858年。早年在上海苏州河畔的乌镇路、溧阳路等处开设数家竹行，俗称为"黄家竹行"。该宅大小房间共二十五间，至1921年才全部完工。解放后该祠堂曾作为高桥文化馆和图书馆。2003年6月25日公布为浦东新区文物保护单位。

高桥敬业堂

高桥镇　西街124弄2号

民　　国

浦东新区文物保护单位

　　敬业堂位于高桥镇西街124弄2号，坐北朝南偏东，于1920年动工修建。建筑共一进，平面为一正两厢带跨院的格局，正厅与厢房均为两层。整体为徽派风格，院内有大量木雕，基本都保存完好，目前仍由宅主后人及租户居住。敬业堂在高桥镇上是保存最完整的传统民居建筑之一。

　　2003年6月25日公布为浦东新区文物保护单位。

横沔顾家楼天主堂

康桥镇　汤巷村4组

民　国

浦东新区文物保护单位

　　横沔顾家楼天主堂始建于清道光十八年（1838），民国时重建，后在"文革"中部分建筑被毁，1989年经历大修，1992年恢复宗教活动。天主堂占地面积913平方米，建筑面积237平方米，共有房十五间。大堂坐东朝西，砖木结构，硬山灰瓦顶。这是南汇地区现存年代最早、保存较完整的天主教堂。该堂是当地重要的宗教活动场所。

　　2010年11月3日公布为浦东新区文物保护单位。

洪德桥

唐镇　虹三村4队

清　代

浦东新区文物保护单位

洪德桥，亦称虹天桥，清雍正年间（1723～1735）建，乾隆年间重修。苏州金山石质，单孔平梁桥，长约15米，宽1.76米，边设石栏板，刻龙凤图案，望柱刻有小狮。桥面西侧刻阳文桥名，墩刻对联一幅："花村稳□□云级，绿水长堤□彩虹。"桥断石刻有"乾隆岁次乙亥荷月"等字。其西北另有一桥，共同承担此处丁字河道的交通。

2002年1月14日公布为浦东新区文物保护单位。

李白等十二烈士就义纪念地点

花木街道　世纪大道、浦电路（纪念像在世纪公园内）

1949年

浦东新区文物保护单位

花木街道

李白（1910～1949）原名李华初，湖南浏阳人，1925年加入中国共产党，抗日战争和解放战争时期在上海从事党的秘密电台工作，是电影《永不消逝的电波》中李侠的原型。上海解放前夕，1949年5月7日，军统特务头子毛森根据蒋介石"坚不吐实，处以极刑"的命令，将李白、秦鸿钧、张困斋、杨竹泉、郑显芝、周宝训、吕飞巡、黄秉乾、严庚初、焦伯荣等十二位烈士秘密押至浦东戚家庙（即今世纪大道与浦电路交汇之处）北100米左右杀害，就地掩埋。解放后，市政府将十二烈士遗骨迁至虹桥公墓，后又迁至龙华烈士陵园。在戚家庙北100米左右处，竖纪念标志"李白十二烈士万古长青"。"文革"中，纪念碑被掘出，后毁。后在现世纪大道浦电路口东南侧绿化带中重建"李白等十二烈士就义地"石碑，之后又将其迁于现世纪公园2号门内小山坡上，并立有上海油画雕塑院青年雕塑家韩子健和袁侃共同创作的李白烈士半身铜像。

2002年1月14日公布为浦东新区文物保护单位。

李平书墓纪念地

高行镇　高西村（航津路 316 号西侧绿化地）

民　国

浦东新区文物保护单位

李平书（1854～1927），浦东高桥人，1883年任《字林沪报》主笔襄理，1903年起任江南制造局提调兼中国通商银行总董，1911年后任沪都督府民政总长兼江南制造局总理，二次革命时被推为上海保卫团团长。墓位于高行镇高西村，立有保护标志。2003年6月25日，李平书墓被公布为区级文物保护地点。

林钧故居

| 川沙新镇　新川路 171 号观澜小学内 |
| 清　代 |
| 浦东新区文物保护单位 |

　　林钧故居原坐北朝南，砖木结构五间平房，面阔 18 米，进深 7 米，面积 150 平方米，悬山顶。林钧原姓朱，名建璜，小名春南，又名林少白，化名王少英。川沙县城厢镇人，生于 1897 年，1924 年入党，曾任中共浦东县委书记、中共淞浦特委宣传部长，曾到武汉出席中共"五大"，后随周恩来同志参加南昌起义。1944 年 5 月 19 日，遭国民党特务杀害。现故居已不存。

　　2002 年 1 月 14 日公布为浦东新区文物保护单位。

六墩天主堂始建于清光绪六年（1880），1998年进行修复。占地面积465.36平方米，建筑面积465.36平方米。大堂坐北朝南，砖木结构。正立面为三层方形钟楼，底层拱券门洞，顶层建圆形钟亭，悬挂由外国传教士带来的铜钟，水泥粉刷外墙。该堂是当地重要的宗教活动场所。
2010年11月3日公布为浦东新区文物保护单位。

六墩天主堂

祝桥镇　盐仓社区星火村7组

清　代

浦东新区文物保护单位

六灶古戏台又称"照檐台"，为城隍庙建筑之一部分。始建于清康熙初年，嘉庆末、道光初重修。占地面积246.18平方米，建筑面积492.36平方米，坐南朝北，砖木结构，戏台上方三架梁，弯椽荷船顶，四周均二架梁小弯椽荷船顶，横梁及花板上有精致的雕花。戏台檐高2.05米，台面高1.85米，进深6.98米，宽9.6米，沿口有"您来了吗"4字，檐下前面斗栱，方木弯椽，飞檐翘角，歇山小瓦顶。该戏台是南汇地区仅存的戏台类建筑。

2010年11月3日公布为浦东新区文物保护单位。

川沙新镇

六灶古戏台

川沙新镇　六灶路399号

清　代

浦东新区文物保护单位

南汇古城墙遗址

惠南镇 卫星东路16号

明　代

浦东新区文物保护单位

南汇古城墙为原城墙残留段，始建于明代，现存城墙为东城墙南段，占地面积1300平方米左右，长约90米，底宽7.3米至15米不等，残高1.4～4.32米，黄土夯筑，花岗石包砌。原南汇古城墙平面呈正方形，长宽各1公里，墙砖包砌，高7.3米，底宽8米。设四门：东"观海"，南"迎薰"，西"听潮"，北"拱极"。四门外有月城，城上建门楼，城墙四周有角楼。另有敌台4座，箭楼40座，雉堞1790垛。东西水关两座：东"静海"，西"通济"。护城河环绕四周。1958年大部被毁。2005年进行了加固和环境整治。该遗址是重要的历史遗迹。

2010年11月3日公布为浦东新区文物保护单位。

南汇县保卫团第二中队队部遗址

泥城镇　横港村褚家宅

民　国

浦东新区文物保护单位

　　1937年底日军占领上海后,吴建功在泥城地区组织保家卫国团,1938年取得南汇县保卫团第二中队番号,是中共领导下的南汇县第一支抗日武装,队部设在泥城横港褚家宅。1938年12月与日军激战于泥城汇角海滩,中队长周大根等28名官兵牺牲。现小屋已不存。

　　2010年11月3日公布为浦东新区文物保护单位。

泥城镇

浦东新区文物保护单位

南汇县保卫团第四中队队部遗址

| 祝桥镇　新如村六如5组 |
| 民　国 |
| 浦东新区文物保护单位 |

　　1938年，中共浦东工作委员会成立，派周强到东海六如村秘密组织抗日自卫武装，成立南汇县保卫团第四中队，1942年转移浙东开辟抗日根据地。旧址原有房十多间，已不存。

　　2010年11月3日公布为浦东新区文物保护单位。

南山寺

新场镇　南首

清　代

浦东新区文物保护单位

　　新场南山寺于元大德十年（1306）僧熙建，初名"常寂庵"。清顺治初僧九如重建，易名"南山禅寺"。清同治三年（1864）住持觉可又建三元殿、雷祖阁等。现有房屋六幢，包括大雄宝殿、圆通殿等，总占地面积6076.34平方米，建筑面积886.22平方米，砖木结构。大雄宝殿坐北朝南，面阔五间8.8米，进深11.7米，九梁架，歇山灰瓦顶，镂空脊，台基高0.5米，四周有回廊。圆通殿面阔五间，九梁架，硬山灰瓦顶。为新场地区重要的宗教活动场所。

　　2010年11月3日公布为浦东新区文物保护单位。

泥城暴动党支部活动遗址

泥城镇　横港村发蒙小学

民　　国

浦东新区文物保护单位

　　在中共江苏省委和南汇县委的组织领导下，1930年8月9日晚9时许，南汇泥城地区数以千计的贫苦农民、盐民、渔民、手工业者，由沈千祥、黄理文、姜文光等带领，一举捣毁驻小泐港缉私营及泥城警察分局，次日上午召开群众大会，宣布成立苏维埃临时政府，建立工农红军第二十二军第一师。后被敌人镇压。发蒙小学是泥城地区党支部活动地点，现校舍已毁。

　　2010年11月3日公布为浦东新区文物保护单位。

泥城镇

潘氏宅

惠南镇　新华路8号

民　　国

浦东新区文物保护单位

　　潘氏宅建于民国四年（1915）。占地583.6平方米，建筑面积1070.6平方米，坐北朝南，砖木结构。石库门式大门，有拱券楣饰，门框、门楣均有精细浮雕花饰。主建筑一正两厢二层楼房，面阔五间28.54米，进深20.45米，二楼有木回廊，硬山灰瓦顶，柱上有雕花，格扇门窗，窗楣饰三角形山花。水泥仿石块外墙。该宅具有江南传统民居特色。

　　2010年11月3日公布为浦东新区文物保护单位。

惠南镇

浦东新区文物保护单位　47

七灶天主堂

川沙新镇　六团纯新村

清　代

浦东新区文物保护单位

七灶天主堂坐北朝南，占地面积1800平方米，建筑面积约600平方米。正立面作对称的竖三段划分，中间钟塔，略前凸，砖混结构三层，高18米，底层尖拱大门，两侧立塔司干柱，二层开拱窗，三层平台，中起穹顶，两侧有尖锥形壁柱，哥特式风格。两侧山墙顶部有对称的涡纹装饰。水泥沙浆外墙，墙面多施圆形、三角形、三叶形饰，转角有仿石块装饰，所有门、窗均为半圆或尖拱券。附房"凸"字形平面，外立面与教堂风格相似，南面有露台。七灶天主堂始建于清咸丰四年（1854），1911年重修，目前用作宗教活动。

2002年1月14日公布为浦东新区文物保护单位。

千秋桥

新场镇　洪东街4号

清　代

浦东新区文物保护单位

　　千秋桥原名"仗义桥"。清康熙年间（1662～1722）钱纪章倡建。同治二年（1863）重修。2006年按原貌再修。东西走向，跨东横港。单孔石拱桥，长27.1米，宽4.4米。两块分别有21、22步石级。栏杆高0.95米，其中有4根石柱，柱头雕小石狮。桥墩两侧刻桥联：南侧为"愿天常生好人，愿人常行好事"，北侧为"济人即是济己，种福必须种德"。千秋桥经过多次维修，现今面貌崭新，桥身、扶手及雕花等清晰完整。该桥是南汇地区为数不多的石拱桥之一。

　　2010年11月3日公布为浦东新区文物保护单位。

新场镇

浦东新区文物保护单位　49

钦赐仰殿大殿

陆家嘴街道 源深路476号

清 代

浦东新区文物保护单位

陆家嘴街道

钦赐仰殿,传说为唐太宗敕建,故名,后供奉东岳大帝,故又称"东岳行宫"。清乾隆三十五年(1770)重建,清末又募建三清殿、四御殿。现存原建筑一栋,为原东岳大殿,建筑面积165.5平方米,坐北朝南,砖木结构,平面为"凸"字形,歇山顶,现仍用作宗教活动。

2002年1月14日公布为浦东新区文物保护单位。

上川铁路川沙站旧址

川沙新镇　华夏东路 2696 号

民　国

浦东新区文物保护单位

　　上川铁路川沙站旧址为 1921 年黄炎培、张志鹤、顾兰洲等集资组织上川交通公司，铺设的庆宁寺到川沙轻轨铁路的一段。这条轻轨铁路是上海第一条商办铁路。1975 年拆除。

　　2003 年 6 月 25 日公布为浦东新区文物保护单位。

上海溶剂厂近代建筑群

南码头街道　南码头路 200 号

民　国

浦东新区文物保护单位

　　上海溶剂厂建筑群为近代西洋建筑群，共九幢，占地面积 2500 平方米，建筑面积 1527 平方米，砖木结构，方形门窗，红瓦四坡屋面，红砖清水外墙，欧式壁炉烟囱。1 号楼为董寅初旧居。董寅初，原中国酒精厂资方代理人，前致公党主席、全国政协副主席，20 世纪 30 年代曾居住于此。砖木结构二层，入口水泥门廊以方柱支承，上为阳台，设铸铁栏杆。红瓦坡顶，深出檐，以椽承托。方形门窗，清水红砖外墙。二楼阳台门额上有于右仁书"继武前徽"匾额。

　　2002 年 1 月 14 日，该建筑群被公布为浦东新区文物保护单位。

宋氏家族居住纪念地

川沙新镇　新川路218号

清　代

浦东新区文物保护单位

川沙新镇

　　宋氏家族居住纪念地位于川沙镇新川路218号内史第，因此处本为清咸丰九年（1859）内阁中书沈树镛建，故名，后为宋氏家族租住处。原建筑坐北朝南，三进二层楼宅院，占地面积1000平方米，建筑面积1500平方米，现存最后一进。清光绪十六年（1890）宋耀如任川沙地方牧师，和倪桂珍安家于此。据有关学者考证，宋庆龄、宋子文、宋美龄皆于此诞生（一说宋庆龄诞生于虹口）。

　　2003年6月25日公布为浦东新区文物保护单位。

苏家宅（东湖山庄）

周浦镇　牛桥村 10 组

清　代

浦东新区文物保护单位

苏家宅又名"东湖山庄"。始建于清康熙六十年（1721），雍正元年（1723）建成。占地面积1779.64平方米，建筑面积1076平方米，坐北朝南，前后三进，前有墙门、照壁。第一进惟勤堂，七架梁；第二进是赋月堂，七架梁，前有墙门，两侧各有两层楼二间厢房。皆砖木结构，硬山灰瓦顶，大堂月梁刻有装饰线条及花纹，五架梁背上置十字科斗栱，梁背正中置荷叶墩，再置斗栱和拱托脊檩的山雾云。第三进石水居。清末秀才，百岁老人苏居仙曾居于此。该宅具有江南传统民居特色。

2010年11月3日公布为浦东新区文物保护单位。

汤氏民宅现位于上海市吉列刀片厂厂区内，原前部门楼已毁，现保留有两进四合楼式住宅一处，二层砖木结构，沿中轴线依次为门厅、院落及两侧厢房、正厅、后花园八角亭。宅主汤学钊早年经商，于民国时期建造该宅，后此宅经吉列刀片厂出资修整，做展览等用途，2009年又由浦东新区出资进行保养维护。汤氏民宅采用传统砖木结构，雕饰精美，是民国时期该地区民居的典型代表。2002年1月14日公布为浦东新区文物保护单位。

三林镇

汤氏民宅

三林镇　三林路550号

民　国

浦东新区文物保护单位

陶桂松住宅

川沙新镇　操场街 48 号

民　国

浦东新区文物保护单位

川沙新镇

陶桂松住宅，又名"陶氏精舍"，建于 1930 年。位于川沙老县城的东北角，砖木与砖混结构，分为主楼、副楼，原建筑东北还有花园、柴房等。主楼为传统的一正两厢布局，二层，硬山顶，小青瓦屋面，局部有地下室，天井上空有玻璃雨棚，外墙为清水青砖勾平缝，阳台及内院有柯林斯式柱，地面为彩色拼花地砖、马赛克等，门窗上有彩色玻璃。副楼位于东侧，砖混结构二层楼房，平屋顶。宅主陶桂松，为近代上海著名的营造商，陶桂记营造厂创始人。该宅解放后收归部队，作居住用，2009 年浦东新区出资进行了保护修缮。陶桂松住宅的建筑风格为中西合璧式，整个建筑工艺考究，装饰精美，是近代民居的典范。

2003 年 6 月 25 日公布为浦东新区文物保护单位。

陶家宅1号

合庆镇　王桥路999号

清　代

浦东新区文物保护单位

合庆镇

陶家宅，建于清光绪三十四年（1908），占地面积1590平方米，建筑面积1246平方米。坐北朝南，砖木结构，四合院建筑。整个住宅有二进二院，外墙立面、大门、前堂、后室依次位于其中轴线上。门、堂、室的两侧为通长的厢房，院落四周檐廊可环绕。五柱抬梁式木构架，檐下有斗栱，画栋雕梁，庭院回廊环绕。宅四周砖砌围墙，水泥粉刷画仿石块线条。房屋主人陶长青，生前做"地皮虫"生意（今称房产开发商），发迹后，建造了这座四合院（绞圈房子）宅邸。建国后，这座宅院曾先后被川沙毛巾三厂、跃进中学、黎申五金塑料制品厂、星光日用化学品厂作为厂址或校址。2006年，中邦置业集团出资数百万元保护修缮陶家宅，入围联合国科教文组织亚太地区老建筑保护奖。现为中邦集团会所。

2002年1月14日公布为浦东新区文物保护单位。

吴家祠堂

高东镇　富特中路、意威路路口
民　国
浦东新区文物保护单位

高东镇

　　吴家祠堂为当地居民吴炳生及其五个儿子出资建造的家祠，堂名諲德堂。吴炳生（1852~1936），原为高桥印家宅人。吴家祠堂建成于1933年春，占地约3200平方米，建筑面积1441平方米，为三进式四合院院落，共有房屋三十八间。纵轴线上有门楼、客厅、中厅、正房、孝堂。落地门窗，水泥粉刷墙面，南围墙使用汰石子。吴家祠堂是典型的中西合璧的优秀建筑。祠堂全部采用铁质门枢。祠堂正门为全铁质。内植罗汉松、石楠、香樟等，迄今树龄已百年以上。

　　2002年1月14日公布为浦东新区文物保护单位。

吴仲超（1902～1984），大团镇人，解放后曾任故宫博物院院长，兼国家文化部部长助理，第三、四届全国政协委员。吴仲超故居建于清代，原位于中大街南北侧，共有房二十二间，现仅存北侧房屋，有房十四间，占地面积209平方米，建筑面积337.28平方米。有临街平房四间，靠东第二间为墙门间，重檐二层楼正房八间，一正二厢格局，大厅六扇格扇门裙板雕花，七架梁。皆砖木结构，硬山灰瓦顶。该宅具有江南传统民居特色。

2010年11月3日公布为浦东新区文物保护单位。

吴仲超故居

大团镇　南大居委永宁东路18号

清　代

浦东新区文物保护单位

新场耶稣堂始建于清光绪二十七年（1901），基督教卫理公会上海播道团选派第一任牧师陆子庄驻新场播道，于1949年5月重建该堂。总占地面积461.06平方米，其中教堂建筑面积381.83平方米。大堂坐北朝南，面阔37.7米，进深10.12米，钢铁屋架，尖券门窗，红瓦硬山顶，深红砖清水外墙。东墙上竖十字架。该堂是当地重要的宗教活动场所。

2010年11月3日公布为浦东新区文物保护单位。

新场耶稣堂

新场镇　向阳路37号

民　国

浦东新区文物保护单位

新场张氏宅第

新场镇　新场大街271号

清　代

浦东新区文物保护单位

新场张氏宅第于清宣统年间建。原有河西花园和河东住宅两处,现仅存住宅,占地面积680.22平方米,建筑面积1160.14平方米,坐西朝东,前后四进、砖木结构、硬山灰瓦顶。一进临街门面,原为张信昌绸布庄,有二层楼房三间。后为歇山顶砖雕门楼,大门书"京洛传钧,曲江养鸽"联语。二、三进为前厅和大厅,皆二层楼,左右厢房,有回廊,柳桉木彩色玻璃门窗,石膏线顶,马赛克地坪,具中西合璧特色。四进杂用平房,亦有厢房。房后有马鞍水桥。该建筑具有江南传统民居特色。

2010年11月3日公布为浦东新区文物保护单位。

新场镇石驳岸及马鞍水桥

新场镇　镇区

明　清

浦东新区文物保护单位

新场镇区有二横二纵四条河道呈"井"字形交叉，明代开始在河岸相继砌筑石驳岸及马鞍水桥。现存石驳岸3532米，马鞍水桥14座，大多马鞍水桥外侧凿有缆船石孔及下水道，部分水桥刻有暗八仙图案。如此完整的石驳岸在南汇地区仅存此一处，水桥也具有江南水乡桥梁特色。2010年11月3日公布为浦东新区文物保护单位。

严桥遗址

花木街道　杨高路、峨山路口（上海民办进才外国语中学校内）
唐　代
浦东新区文物保护单位

花木街道

　　1975年发现。东西长100多米，南北不详。文化层距地表深2.5米，厚约1.5米。发现宋代黄釉陶瓶、龙泉窑青釉瓷碗、建窑黑釉瓷盏、磁州窑白釉黑花瓷盘等陶瓷器残件和两口砖井，唐代越窑青釉瓷碗、长沙窑瓷执壶等，以及砺石、石锤、陶纺轮和牛头骨料等。
　　2002年1月14日公布为浦东新区文物保护单位。

杨氏民宅

高行镇　洲海路、津行路路口
民　国
浦东新区文物保护单位

杨氏民宅为砖木结构一层，共三进院落：第一进门厅为歇山八角亭形式；第二进为正厅，五开间，穿斗式构架，硬山顶；第三进为附房，砖混结构，平屋顶，女儿墙，上为晒台。南立面有带有西式装饰的仪门，两侧有科林斯壁柱，正厅及厢房有观音兜，外墙为黄水泥粉刷。杨氏民宅由商人杨洪生建于20世纪20年代初，后一直由子孙继承。杨氏民宅的木雕非常精美，有郭子仪祝寿、八骏图、八牛图、暗八仙，以及各种花卉植物和人物故事，是民国时期该地区民居的典型代表。

2002年1月14日公布为浦东新区文物保护单位。

杨斯盛故居、杨斯盛墓及杨斯盛铜像

南码头街道　浦三路648号浦东中学内

清代、民国

浦东新区文物保护单位

杨斯盛(1851～1908),浦东新区人。清光绪年间承包上海江海北关新楼,被称为"工界伟人"。又"毁家兴学",受清政府嘉奖,清宣统三年(1911)赠盐运使衔。故居建于清光绪二十九年(1903),由杨斯盛自己设计、开设的杨瑞泰营造厂建造,建筑面积992平方米。砖木结构,人字屋顶小青瓦、白粉墙,正面有十四扇落地长窗,檐下铺青石地坪。院内铜像为1913年杨斯盛逝世五周年时,由地方人士提议所立。杨斯盛墓原位于浦东中学旁,"文革"中遭破坏,1997年浦东中学90周年校庆时,觅遗骨重建,总面积为51平方米。四周围是花岗岩石栏,正中是墓,墓后是花岗岩大屏风,嵌"宣统二年"墓碑,刻"静听书声"、"杨公斯盛之墓"等文字。

2002年1月14日公布为浦东新区文物保护单位。

南码头街道

永济桥由张必成建于清康熙十一年（1672）。单孔石拱桥，南北走向，跨沈庄港，东口通咸塘港。花岗石质，长22米，宽3.9米。两端各有22级石阶。桥面两侧刻桥名及花纹。桥塊两侧刻"南无阿弥陀佛"字样。该桥具有江南水乡桥梁特色。

2010年11月3日公布为浦东新区文物保护单位。

永济桥

| 航头镇　下沙社区沈庄北街 |
| 清　代 |
| 浦东新区文物保护单位 |

航头镇

永乐御碑

高桥镇　小浜路 199 号高桥中学内

明　代

浦东新区文物保护单位

高桥镇

　　永乐御碑，青石质，座高 0.50 米，宽 1.16 米，厚 0.50 米。碑高 1.44 米，宽 0.94 米，厚 0.3 米。篆额"御制"两字，两侧刻云龙纹。碑文楷书，凡 17 行，满行 23 字，共 391 字，明永乐帝朱棣撰文："今年春，乃命海运将士相地之宜，筑土山焉……上建烽堠，昼则举烟，夜则明火，海洋空阔，遥见千里，于是咸乐其便，不旬日而成。"明永乐十年（1412）立。现存高桥中学碑亭内。

　　2002 年 1 月 14 日公布为浦东新区文物保护单位。

喻氏民宅

高行镇　庭安路、兰谷路公园内

民　国

浦东新区文物保护单位

高行镇

喻氏民宅建筑面积为600平方米，坐北朝南，为一正两厢式建筑。正房面阔五间，东西厢房各两间。硬山顶，两侧砌风火墙。正房、厢房及门亭上皆雕梁画栋，刻花鸟山水和人物故事，门楼上有"凤集高岗"四字，门柱则为巴洛克风格，室内柚木地板，厢房菱形磨石子墙面，天井水泥地坪。整个屋面为中式建筑手法，屋架结构为穿斗式木架。尤其值得一提的是其正房、厢房横梁为一梁直通铺，梁长10余米。两侧厢房窗下为菱形磨石子墙面，反映了当时建筑材料的演变。两外侧风火墙采用西式装饰，块面简洁，线条明快。喻氏民宅原位于浦东陆家嘴地区浦城路、东昌路交汇处西侧（陆家渡路215弄58支弄81号）。房屋的原主人为喻春华，早年在黄浦江做水上运输生意，发迹后聘请工匠建造此宅。

2002年1月14日公布为浦东新区文物保护单位。

岳碑亭

川沙新镇　新川路171号旁川沙古城墙公园内

清　代

浦东新区文物保护单位

川沙新镇

该碑刻相传为岳飞赠李梦龙手书诗，清道光十二年（1832）川沙同知郑其忠摹勒于石置种德寺，1913年移入观澜书院（今观澜小学），1929年移至城墙上，并建亭。2010年，修建川沙古城墙公园，将岳碑亭移建于古墙北端。亭为二层砖木结构，建筑面积约60平方米，歇山飞檐瓦顶，格子花木栏杆，历经修缮。碑青石质，方首，高1.63米，宽0.8米，厚0.15米。诗为："学士高僧醉如泥，玉山颓倒翁头低。酒杯不是功名具，入手缘何只自迷。"后附题记："商丘狂学士李梦龙索余书□□大梁之舞剑阁，岳飞草。"背面为1988年所刻岳碑亭记事。

2002年1月14日公布为浦东新区文物保护单位。

浙宁会馆

周浦镇　川周公路 4482 号

清　代

浦东新区文物保护单位

浙宁会馆俗称"宁波会馆"。清末建，1929年修葺。共有房四十一间，占地面积约990平方米，建筑面积1177.93余平方米，坐北朝南，砖木结构，歇山灰瓦顶。前为临街门面房，二层楼房，面阔七间。正厅面阔三间，方木弯椽，弓形藻井，飞檐，檐下有斗栱，两侧各有面阔七间的二层楼厢房。浙宁会馆是南汇地区仅存的会馆式建筑。2010年11月3日公布为浦东新区文物保护单位。

中国第一枚自行设计制造的试验探空火箭 T-7M 发射场遗址

老港镇　东河村 2 组

20 世纪 60 年代

浦东新区文物保护单位

我国首枚自行设计制造的试验探空火箭，于 1960 年在此发射成功。现保存有火箭主发射台基石一座，面积 1.4 平方米。四周另存基石十二座，皆水泥材质。总占地面积 1604.55 平方米。1997 年南汇县人民政府在场址竖立纪念碑，三角立柱形，正面题"中国第一枚试验探空火箭发射成功纪念碑"。碑体瓷砖贴面。两侧碑文记发射时间、型号、设计单位名称和设计人员姓名，以及火箭长度和飞行高度等。该遗址是我国航天事业的里程碑。

2010 年 11 月 3 日公布为浦东新区文物保护单位。

老港镇

钟家祠堂

高桥镇　钟家弄74号

民　国

浦东新区文物保护单位

高桥镇

钟家祠堂位于高桥镇钟家弄，是近代著名营造商钟惠山的家祠，建造于20世纪30年代。其规模宏大，保存完整，为上海地区所罕见。建筑坐北朝南，南北跨度约100米，沿中轴线依次分布仪门、门屋、享堂、寝堂、余屋、月湖、祭亭等单体建筑，整组建筑外还有一道院墙环绕。在祠堂山墙以外形成了东西各一条甬道。整座建筑粉墙黛瓦，气势恢宏，局部有精美雕刻以及彩色玻璃，施工工艺先进，在当时具有很高的水平，与此同时，建筑还受到一定的西式风格的影响，具有很高的文物价值。尤其一进仪门，铁铸花饰"钟"字，二进仪门砖雕精致，题材丰富。厅堂梁架用木硕大，雕刻具有很高的造诣。

2002年1月14日公布为浦东新区文物保护单位。

钟氏民宅

高桥镇　西街160号外高桥轻工技术学校

民　国

浦东新区文物保护单位

高桥镇

钟氏民宅为中西合璧的砖木结构二层楼。砖墙立柱，抬梁式混合结构。水泥粉刷外墙，红瓦坡顶。占地面积2600平方米，建筑面积2095平方米，前为歇山顶门楼，门额砖雕刻"竹苞松茂"四字。在南北向主轴线上建正厅、正宅、内室，旁有附房。堂屋所有柱子用水泥钢筋竖立，在正宅前面左右对峙。20世纪20年代末，由钟惠山投资20万银元建造。现用作外高桥轻工技术学校。

2002年1月14日公布为浦东新区文物保护单位。

钟亭为20世纪80年代建造，占地50平方米左右，内存铜钟原为福泉寺旧物，铸于明隆庆五年（1571），高1.62米，圆周3.4米，重1600公斤。四周铸有1311个捐资者的姓名，以及"金声一震，虎啸龙吟，皇风清穆，海道安宁"铭文。古钟园建成后移至园内钟亭存放。

2010年11月3日公布为浦东新区文物保护单位。铜钟现已归还福泉寺，现亭内铜钟为复制品。

钟亭及铜钟

惠南镇　古钟园内

浦东新区文物保护单位

朱家店抗日之战纪念地点

川沙新镇　朱店村8组

民　国

浦东新区文物保护单位

民国三十三年（1944）八月二十八日，新四军淞沪游击队第五支队在六灶镇朱家店一带伏击日寇，全歼敌人并缴获大量武器，我军无一伤亡。为昭示后人，居安思危，自强不息，兴我中华，原南汇区六灶镇人民政府于2004年6月在朱家店村将原1986年竖立的纪念碑扩大重建。水泥材质，碑身上刻有工农兵雕塑以及碑文，碑名"朱家店抗日之战纪念碑"，由原淞沪支队队长朱亚民亲题。重建后纪念碑占地面积320平方米，建筑面积59.8平方米。2010年11月3日公布为浦东新区文物保护单位。

朱家潭子

航头镇 方窑村5组

民 国

浦东新区文物保护单位

朱家潭子又名"朱家老宅",民国十六年至民国十九年（1927～1930）以朱鸿圻为主建造。坐北朝南,原分祠堂、住宅、花园三部分,现仅存中部住宅,东西宽53.8米,南北长65.9米,占地面积3547.03平方米,建筑面积4339.43平方米,有房七十六间,共三进。前二进为平房,中式建筑,最后一进为二层楼房,砖木结构,面阔七间,两侧厢房,硬山灰平瓦顶,风火山墙,水泥粉刷外墙,大厅铺彩色地坪。朱家潭子是南汇地区较早使用水泥粉墙的宅子。

2010年11月3日公布为浦东新区文物保护单位。

航头镇

浦东新区登记不可移动文物

艾氏民宅

张江镇　中心村61号

清　代

浦东新区登记不可移动文物

张江镇

　　艾氏民宅由艾氏家族第十四代祖先艾鑫建造。房屋初建为四合院形式，后又加建两侧厢房与正面偏房。屋内存有一些明清时期的家具，正房内悬挂宣统元年（1909）十月题字的匾额"恒心堂"，已有100余年历史。房屋门窗方格内采用牡蛎壳采光，四周有多株百年古树被挂牌保护。房屋采用包檐的做法，扩大室内空间。

　　2003年3月19日公布为浦东新区登记不可移动文物。

蔡氏民宅

高桥镇　季景北路 714 弄 11 号

清　代

浦东新区登记不可移动文物

高桥镇

蔡氏民宅，建成于清光绪三十四年（1908），宅主蔡啸松。占地面积 660 平方米，总建筑面积约 893 平方米，坐西朝东，三开间、三进院落，砖木结构二层。墙门檐装饰精美砖雕，马楼连接各屋。硬山顶，两端徽派马头风火墙。青砖青瓦白灰墙，客堂正上方有"庆誉堂"三字匾额。该宅用材和做工都属上乘，耗银 4000 余两，历时 13 年之久才落成。该宅规模宏大、雕饰精美，是当地民居的杰出代表。2003 年 3 月 19 日公布为浦东新区登记不可移动文物。

曹氏民宅

川沙新镇　牌楼村4队曹家宅51~72号

民　国

浦东新区登记不可移动文物

川沙新镇

曹氏民宅位于上海市浦东新区牌楼村4队51~72号，建于1931~1932年，营造人为曹福生与曹兰生叔侄。建筑坐北朝南，主体部分为传统的一正两厢布局，砖木结构一层，北面有单层配房，整体为中西合璧的折衷风格。曹氏民宅是川沙保存比较完整的历史民居建筑之一。

2003年3月19日公布为浦东新区登记不可移动文物。

陈氏住宅

陆家嘴街道　钱仓路350号

民　　国

浦东新区登记不可移动文物

　　陈氏住宅建筑面积980平方米，总面积1678平方米。该宅坐北朝南，主体为两层三合院，后有两层附房一处，略低，通过楼梯与主体相连。前后均为人字屋面，红色机平瓦。外立面采用清水砖墙，局部使用黄水泥线脚装饰，窗下墙为干粘石。外窗为三层窗；主入口为较简洁的石库门。该宅建于20世纪30年代，当时宅主为陈桂春的堂兄弟，敌伪时期被日军侵占，一度作为"慰妇院"。现由上港集团使用。陈氏住宅建筑风格中西合璧，是当时当地建筑的艺术特征与构造工艺的代表。同时，它还见证了从民国时期的生活状态，到日伪时期的屈辱历史，再到新中国的复兴这几十年的历史变革。

　　2003年3月19日，陈氏住宅被公布为浦东新区登记不可移动文物。

丁家花园

川沙新镇　东泥弄9号

民　　国

浦东新区登记不可移动文物

川沙新镇

建于20世纪30年代，为穿斗式木结构，平面布局为三合院形式，东南朝向，建筑为砖木结构，主体建筑高两层，总高约12.8米。建筑东侧为附属花园。正厅面阔五间，宽22.4米，进深八步架，约9.7米，梁架形式为穿斗式，建筑高两层，檐口高8.2米，屋脊高11.6米。建筑两侧主体建筑与厢房交接部位均有双跑楼梯，但是现已被改造。采用白色浑水外墙。主体建筑与厢房共同形成面向院落的三面围合的廊道。屋顶形式为硬山顶。双坡屋顶，青瓦屋面。一层采用水泥铺地，二层为木地板。建筑山墙顶部有山花装饰，其余部位如墙角及墙体转折部位等均有简单的线脚处理。院落原铺地为水泥带分割线铺地，阶沿石为金山石。仅门外部的雕刻装饰损毁，但是位置仍然可以判别。

2014年8月11日公布为浦东新区登记不可移动文物。

方大复宅

新场镇　新场大街290号

清代

浦东新区登记不可移动文物

新场方大复宅建于清代，占地面积1374.8平方米。建筑面积1123平方米。临街五间门面房和围墙坐东朝西，经石框洞门入内宅，布局转为坐北朝南。内宅由两院组成，外院为两间正厅，七架梁，前有廊，檐下荷船顶，荷叶山墙，雕梁画栋。后为中门墙，有歇山式砖雕门楼。内院为楼房。后面另有辅屋两间。皆砖木结构，硬山灰瓦顶。该建筑具有江南传统民居特色。

2010年3月23日公布为浦东新区登记不可移动文物。

新场镇

傅家祠堂

川沙新镇　六灶路 123 弄

清　代

浦东新区登记不可移动文物

傅家祠堂由明代大将傅友德后人建于清雍正十三年（1735），同治二年（1863）重修。现存一正两厢房，占地面积 615.7 平方米，建筑面积 492.7 平方米，坐北朝南，砖木结构，正房面阔五间，七架梁，硬山灰瓦顶，荷叶山墙。两侧各存厢房两间。是南汇地区保存较完整的祠堂类建筑。

2010 年 3 月 23 日公布为浦东新区登记不可移动文物。

傅雷故居

航头镇　下沙社区王楼村5组

清　代

浦东新区登记不可移动文物

　　傅雷（1908～1966），南汇渔潭乡（今航头）王楼村人，我国著名翻译家、文学艺术家。傅雷故居始建于清代，是傅雷出生地，他4岁丧父后离此。现存房十多间，占地面积1147.79平方米，建筑面积407.4平方米。门面房坐北朝南，砖木结构，面阔七间，七架梁，悬山灰瓦顶。该宅具有江南传统民居特色。

　　2010年3月23日公布为浦东新区登记不可移动文物。

高东黄氏民宅

高东镇　革新二队花园子 42 号

民　国

浦东新区登记不可移动文物

> 高东镇

黄氏民宅坐北朝南，为砖木结构传统建筑，一正两厢一门廊。外墙采用西式水泥压顶观音兜，水磨石仪门，而内部则是传统作法，粉墙黛瓦，有精致的垂脊及灰塑，几何形隔扇门窗做工考究。地面大量使用水磨石及陶瓷地砖，时代特征明显。该宅始造于 1931 年，建造者黄顺祥。"文革"时遭到一定的破坏，幸而至今整体构架保存尚且良好。现仍由黄氏后人使用。建筑本身布局为经典的一正两厢院落，为当时当地民居的典型代表；而中西合璧的建筑风格则是 20 世纪 30 年代浦东地区特有的建筑风貌；大面积的水磨石、彩色玻璃的使用都代表了当时先进的工艺。可以说无论从建筑、构造、艺术等方面来说，黄氏民宅均是当时的典型性民居。2003 年 3 月 19 日公布为浦东新区登记不可移动文物。

高桥至德堂

高桥镇　石家街12号

民　国

浦东新区登记不可移动文物

高桥镇

　　至德堂现位于上海市高桥镇石家街12号，原前部门楼已毁，现保留有两进四合楼式住宅一处，一层砖木结构，沿中轴线依次为仪门、院落、正厅、院落及配房。至德堂采用传统砖木结构，雕饰精美，是民国时期该地区民居的典型代表。

　　2003年3月19日公布为浦东新区登记不可移动文物。

航头城隍庙

航头镇　西市街1号上海市航头学校南侧

清　代

浦东新区登记不可移动文物

城隍庙始建于明崇祯年间（1628～1644），清嘉庆十年（1805）重建。原占地十余亩，有三进，现仅存打唱台，占地面积112.52平方米，建筑面积112.52平方米，坐北朝南，砖木结构，大殿七架梁，面阔三间，宽11.6米，进深9.7米。硬山灰瓦顶，檐下有斗栱，镂花栱眼壁，拱券大门。该庙是当地重要的宗教活动场所。

2010年3月23日公布为浦东新区登记不可移动文物。

航头镇

华氏宅建于民国二十四年（1935），占地面积112.9平方米，建筑面积324平方米，坐北朝南，砖木结构三层楼房，石库门式，大门上方有"武陵世泽"4字。正房面阔两间，厢房面阔一间，木门窗，硬山灰瓦顶，红砖清水外墙。是南汇地区保存较好的具有典型中西合璧风格的建筑。

2010年3月23日公布为浦东新区登记不可移动文物。

华氏宅

康桥镇　横沔花园街42、44号

民　国

浦东新区登记不可移动文物

浦东新区登记不可移动文物

黄月亭旧居

高东镇　航津路（外环绿化带内）

民　　国

浦东新区登记不可移动文物

高东镇

　　黄月亭旧居坐北朝南，砖木结构一层建筑，原总体占地平面呈矩形，现在东北角建筑和围墙已被拆毁，现存一正两厢，西侧带附房，正厅五间六架，附房四间。建筑白墙黛瓦，山墙采用观音兜造型，反映了浦东地区民国时期传统民居的特有风貌。该宅建于民国八年（1919），建造者黄月亭，为营造商，曾赴韩国修建皇家建筑。

　　2009年5月11日公布为浦东新区登记不可移动文物。

嘉乐堂

新场镇　新场大街260号

清　代

浦东新区登记不可移动文物

新场嘉乐堂始建于清光绪二十二年（1896），占地面积641.6平方米，建筑面积944平方米，坐东朝西，砖木结构。前为五开间门面房，二层，进深6.6米，排门，格扇窗。入内中门墙，有歇山式门楼，精细砖雕斗栱、栱眼壁及山水、花卉。主体建筑作"H"形布局，正厅五开间二层楼，进深7.4米，硬山灰瓦顶，泥金柱子，格扇落地雕花长门。房后院墙亦建歇山顶砖雕门楼，门外另有五开间杂用平房一幢。该建筑具有江南传统民居特色。

2010年3月23日公布为浦东新区登记不可移动文物。

江海北关浦东办公楼

陆家嘴街道　东方路11号

清　代

浦东新区登记不可移动文物

　　江海北关浦东办公楼为三层带阁楼的砖木结构建筑，总高15.13米。建筑坐南面北，朝向黄浦江，建筑面积1152平方米，占地面积400平方米。人字形屋架、拱券外廊，明显西式风格。该建筑由怡和洋行公和祥码头建造于1906年，是浦东黄浦江畔第一座专门配套工业厂房的建筑，同时，也是浦东黄浦江畔带有明显西式特征的大规模洋行式建筑的源头。

　　2009年5月26日公布为浦东新区登记不可移动文物。

江海南关验货场旧址

潍坊街道　张杨路杨家渡渡口南侧

清　代

浦东新区登记不可移动文物

  清光绪三十年（1904），上海道建立江海南关验货场,初为木构浮码头。抗日战争期间，江海南关及其验货场被日本侵略者占领移交日本航运企业使用。解放初移交给房产局，由旧常关移交无契纸。1953年12月港务局接收江海南关及其验货场。验货场更名为上港一区安记栈码头。1953年，上海油库借用安记栈仓库存储油。安记栈采用西方建筑风格影响下的集中式的布局模式。建筑坐北朝南。平面呈简单的方形，南侧为外廊。二层，砖木结构。平面呈三段式，中央略有后退，两侧凸出，共六间。建筑主入口门厅布置楼梯，交通流线清晰。由于承重墙体厚重，形成了跨度较大的室内空间，空间适用性强。建筑的主立面，即南面具有典型的对称、典雅的特征。横向上，两侧凸出，中央凹进，形成横三段的特征；纵向上，清水砖外廊墙面和屋顶构成了上下两个部分，并利用腰线进行层与层之间的划分。建筑东西、北侧均有壁柱，构图完整，具有一定的西式特征。

  2010年3月23日公布为浦东新区登记不可移动文物。

静心禅院

泥城镇　横港村8组

清　代

浦东新区登记不可移动文物

　　泥城静心禅院由宁波净船师太建于清光绪六年（1880），时有草房三间。光绪十年（1884）扩建至五十六间。解放后作为解放军棉花收购站使用。1992年迁建于此。占地面积2015.4平方米，建筑面积487.08平方米，山门及大殿宽敞，富丽堂皇。大殿面阔三间，坐北朝南，砖木结构，两侧各有两间次房。天井两侧各有厢房三间。大殿前山门面阔三间，山门前专建了石拱桥。另有杂用房四间。该庵是当地重要的宗教活动场所。
　　2010年3月23日公布为浦东新区登记不可移动文物。

泥城镇

雷坛桥

新场镇　果园村1组

清　代

浦东新区登记不可移动文物

　　新场雷坛桥因位于雷音寺前，故名。元至顺年间（1330～1333）建。清道光二十四年（1844）重建。南北走向，跨洪桥港。单跨平梁桥，长21.4米，宽1.9米。桥墩用长3.5米、宽0.5米的块石砌成。桥面用两块条石并铺，两侧刻有桥名和"道光甲辰年丁春月穀旦里人叶宫来周虎炳等募建"字样。该桥具有江南水乡桥梁特色。2010年3月23日公布为浦东新区登记不可移动文物。

李锦伯宅

新场镇　新场大街319弄321号

清末民初

浦东新区登记不可移动文物

　　李锦伯祖上于清末民初始建。占地面积441.72平方米，建筑面积597.2平方米。坐西朝东，砖木结构，四进。一进面阔三间，临街门面二层楼房，入内有仪门；二进客厅，平房，七架梁；三进内宅，二层楼房；四进为生活杂用平房。硬山灰瓦顶，风火墙荷叶山头，格扇门窗。宅后有独用石水桥。该建筑具有江南传统民居特色。

　　2010年3月23日公布为浦东新区登记不可移动文物。

新场镇

李氏民宅

洋泾街道　泾南路34号

民　国

浦东新区登记不可移动文物

洋泾街道

　　李氏民宅建于20世纪30年代，位于洋泾街道泾南路34号。建筑为砖木结构一层，部分房间带阁楼。平面布局为一正两厢式，东侧有备弄和附房。整个建筑白墙青瓦，正厅及厢房有观音兜，南立面为清水青墙嵌红砖带，门框、窗棂雕刻各种花卉，嵌彩色玻璃。宅主李树山，为民国时的造船商，该宅解放后一度被多户分割居住，2007年，由浦东新区出资进行了保护修缮，现作陈列展览等用途。李氏民宅最大的建筑特点是中西合璧，内部为传统江南民居风格，外立面则具有西式装饰特征，是民国时期该地区民居的典型代表。

　　2003年3月19日公布为浦东新区登记不可移动文物。

祝桥李氏住宅由李祥林始建于民国二十三年（1934），2006年修葺。占地面积278.7平方米，建筑面积743平方米。一正两厢房，坐北朝南，砖木结构。前有院墙，石库门。正房三层楼，面阔三间，进深19.4米。硬山灰瓦顶，灰色水泥墙。房后加建二层楼房。该宅具有中西合璧特色。

2010年3月23日公布为浦东新区登记不可移动文物。

李氏住宅

祝桥镇　东大街57弄71号

民　国

浦东新区登记不可移动文物

祝桥镇

林石城故居

康桥镇　沔青村五组

民　国

浦东新区登记不可移动文物

康桥镇

我国民族音乐教育奠基人，浦东派琵琶一代宗师林石城先生出生地。故居建造于民国十五年（1926），占地面积355.82平方米，建筑面积295.8平方米。一正两厢布局，一层平房，坐北朝南，砖木结构，硬山灰瓦顶。正房面南五开间，中间为客堂，客堂名"茂荆堂"，宽敞明亮，堂内有看枋，雕有人物、花卉图案。故居是一座典型的江南风格民宅。

2010年3月23日公布为浦东新区登记不可移动文物。

凌桥杨氏民宅

高桥镇　龙叶村吴家湾76号

民　国

浦东新区登记不可移动文物

高桥镇

　　凌桥杨氏民宅坐北朝南，占地面积约900平方米，建筑面积700余平方米，庭院200平方米。中西合璧式，砖木结构平房，面阔五间，左右厢房，格子门窗，篷形轩廊，飞檐翘角，雕梁画栋，青瓦人字坡顶，观音兜山墙，水泥粉刷外墙。凌桥杨氏民宅建于1929年，为当时当地民居的典型代表。

　　2003年3月19日公布为浦东新区登记不可移动文物。

凌氏民宅

高桥镇　高桥西街 161 号

民　国

浦东新区登记不可移动文物

高桥镇

凌氏民宅位于西街 161 号，又名"三德堂"。该宅占地面积 840 平方米，建筑面积 820 平方米。砖木结构二层，三进院落，二层建回廊。硬山顶，观音兜山墙，水泥混凝土晒台。前后各有庭院。主入口朝北，从西街进入，南侧临河有后院，院墙上设有院门两座。正厅廊步皆有轩，隔扇门窗镶嵌玻璃。部分梁枋上施一斗三升斗拱，梁架、二楼栏杆、拱垫板上都有木雕等装饰。在门楼的装饰上采用了当时新式的水泥堆塑，题材为花草。山墙采用观音兜做法，兜形窄瘦。该宅建于 1918 年，主人为凌祥春，现用作民俗展览。该宅规模较大，雕饰精美，是当地民居的典型代表。

2003 年 3 月 19 日公布为浦东新区登记不可移动文物。

浦东新区登记不可移动文物　101

领报堂

康桥镇　怡园村7组

清　代

浦东新区登记不可移动文物

领报堂原名"玫瑰堂"。清同治十二年（1873）建，清末、民国多次修葺。占地面积358.38平方米，建筑面积358.38平方米。大堂坐北朝南，面阔11.75米，进深28米。正立门拱券门洞，上有堂名及"始孕无玷"匾额。三角形山墙，两侧有尖塔。硬山灰色小瓦顶，暗红瓷砖贴面。是一座典型的宗教建筑。

2010年3月23日公布为浦东新区登记不可移动文物。

六灶城隍庙

川沙新镇　周祝公路 2169 号

清　代

浦东新区登记不可移动文物

川沙新镇

　　六灶城隍庙始建于清康熙初年，道光初年重修。占地面积 184.6 平方米，建筑面积 184.6 平方米。大殿坐北朝南，九架梁，砖木结构，面阔三间 12.44 米，进深 14.84 米，高 7.5 米，悬山灰瓦顶，殿内有匾，书"灵应公"三字，两旁有楹联，大殿门额上有镂空雕花，有斗栱。原大殿两侧各有耳房二间，现东侧二间被拆，剩西侧二间。该庙曾是当地重要的宗教活动场所。

　　2010 年 3 月 23 日公布为浦东新区登记不可移动文物。

陆氏宅

新场镇　洪东街80号

清　代

浦东新区登记不可移动文物

　　陆氏宅始建于清末，占地面积449.17平方米，建筑面积417平方米，二进式院落，坐北朝南，砖木结构。前为临街门面，中间门厅，两侧店铺。入内中门墙，有歇山式砖雕门楼。内宅一正两厢式二层楼房，硬山灰瓦屋面，格扇门窗。后面另有平房六间。该建筑具有江南传统民居特色。

　　2010年3月23日公布为浦东新区登记不可移动文物。

新场镇

南码头临江民宅

南码头街道　东三里桥路7弄54号

民　国

浦东新区登记不可移动文物

南码头街道

　　南码头临江民宅又名"朱氏民宅",为一进三间两层的砖木结构建筑,建筑采用硬山小青瓦屋面,庭院原采用金山石铺地。正厅三间六架,山墙上无明间开四扇长窗,长窗两侧开两扇槛窗。正贴采用抬梁穿斗混合式,山墙上直接架檩,无边贴。该宅建于20世纪40年代,现用作民宅出租,为浦东新区南码头地区保存较为完整的传统建筑之一。

　　2010年3月23日公布为浦东新区登记不可移动文物。

南宋古海塘

祝桥镇　盐仓派出所以北

宋　代

浦东新区登记不可移动文物

　　南宋古海塘遗址（即里护塘残留段）现位于祝西村4组王家宅至盐仓派出所，长约1.3公里，该段为原川南奉公路的遗留部分，沥青路面，路基宽8.2米，路宽7米，路面距农田高1.2～1.4米，保存尚可，现为机耕路。里护塘，称为"内捍海塘"，又称"老护塘"、"霍公塘"。南宋乾道八年（1172）初筑。北起浦东南跄口，经南汇、奉贤直至浙江乍浦止。里护塘南汇段北起朱家港（二区界河），经祝桥镇、惠南镇、大团镇，到大团镇南村沪芦高速公路止（二区交界），全长18.344公里。另据史料记载里护塘东西有两河，东侧御寇河开凿于明嘉靖年间（1522～1566），西侧运盐河开凿于乾隆四十三年（1778），经实地了解，塘东侧御寇河因年久失修淤塞渐成农田，已无存。现仅存运盐河。

　　2010年3月23日公布为浦东新区登记不可移动文物。

祝桥镇

潘氏北宅始建于清光绪年间（1875～1908）。占地面积789.6平方米，建筑面积820平方米，坐东朝西，砖木结构，三进院落，皆硬山灰瓦顶，格扇门窗。前为门厅，五开间二层楼房，进深6.2米，门楣雕花。二进正厅，面阔五间，进深9.26米，前后出廊。三进二层楼，五开间，进深6.7米，两侧厢房各两间，三面走廊，木擎板，蛎壳木窗。该建筑具有江南传统民居特色。

2010年3月23日公布为浦东新区登记不可移动文物。

新场镇

潘氏北宅

新场镇　新场大街308号

清　代

浦东新区登记不可移动文物

潘氏南宅

新场镇 新场大街302号

清　代

浦东新区登记不可移动文物

新场潘氏南宅建于清光绪年间（1875～1908）。占地面积1285.21平方米，建筑面积1032平方米，坐东朝西，砖木结构，前后四进。一进门面房，三开间，两层楼，入内原有中墙门，已不存。二进大厅，一正两厢二层楼房，进深9米，两侧厢房各两开间，格扇门窗，荷叶头风火山墙。三进平房，面阔五间，进深7米，两厢各两间，格扇门窗，有中门墙与大厅相隔。四进为七间平房。该建筑具有江南传统民居特色。

2010年3月23日公布为浦东新区登记不可移动文物。

新场镇

庞松舟住宅

三林镇　中林街 57 弄 51 号

民　国

浦东新区登记不可移动文物

1933 年，庞松舟住宅建成。使用中，庞松舟宅北面的配房被拆除，而改建为现两层双坡建筑。后庞宅归为上海邮政局所有。庞松舟住宅坐北朝南，为三层独立式住宅。建筑通面阔 13.5 米，通进深为 14.2 米，总高约 11.3 米。建筑为砖木混合结构，纵墙主要承重，檩条直接架设在墙体之上以支撑屋顶。建筑平面略呈十字形，南面为凸出的门廊。平面面阔三间，对称布置，主入口位于南侧，次入口位于北面侧厢。二层南为平台，楼梯位于建筑右部中央。一层地板为水刷石和木地板两种，二层皆为木楼板，南北向铺设。建筑主体为硬山两坡屋顶，北面凸出三坡屋面，南面有三扇老虎窗。屋面为青色机平瓦。山尖有几何形装饰。建筑墙面主体为水泥砂浆拉毛抹面，局部饰以水刷石，如窗套。建筑一层门窗都有精致的铁花装饰，木窗多为十字形分隔。

2014 年 8 月 11 日公布为浦东新区登记不可移动文物。

三林镇

培德商业学校旧址

唐镇　一心村

民 国

浦东新区登记不可移动文物

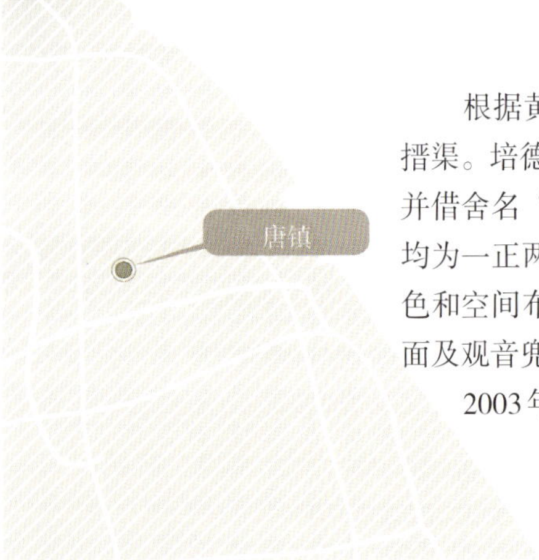

根据黄炎培修《川沙县志》记载，培德堂的建造者姓宋，名如圭，号揩渠。培德堂于民国九年（1920）建成，后宋揩渠又斥资分屋立商业学校，并借舍名"培德"为校名。学校坐南朝北，为三进院落。第一、二进布局均为一正两厢，东西厢房以中轴线左右对称，具有典型的中国江南民居特色和空间布局；第三进院落没有厢房。建筑为纸筋灰浑水墙面、黛瓦，屋面及观音兜的做法也反映了传统民居的风貌，是当地的代表性建筑。

2003年3月19日公布为浦东新区登记不可移动文物，2009年完成修缮。

浦东开发办公室

陆家嘴街道　浦东大道 141 号

20 世纪 50 年代

浦东新区登记不可移动文物

陆家嘴街道

浦东开发办公室是建于 20 世纪 50 年代的米黄色二层小楼，是浦东开发办公室当年办公的场所。混凝土砖构，占地面积约 1000 平方米，建筑面积约 1800 平方米。1990 年，党中央、国务院宣布对外开发开放浦东，浦东急需成立专门的办事机构，浦东开发办公室应运而生。1990 年 5 月 4 日，浦东居民涌向浦东大道 141 号门口，争看市政府浦东开发办公室的挂牌仪式。从此，中国改革开放又进入了一个新的阶段。在浦东的开发开放初期阶段至新区基本形成过程中，均决策于此楼，在中国发展史上占有特殊的地位，有重大的历史价值和政治意义。现为浦东开发陈列馆。

2003 年 3 月 19 日公布为浦东新区登记不可移动文物。

其昌栈花园住宅

陆家嘴街道　东方路11号

民　　国

浦东新区登记不可移动文物

陆家嘴街道

其昌栈花园住宅建于1935年，位于浦东新区东方路新华港区内。共三幢，均为英国乡村式别墅。砖木结构假三层，红瓦四坡顶，1、2号楼外墙采用水洗石，3号楼为干粘石，局部为清水砖墙，山墙木构架外露，外立面窗均有百叶或障水板。其昌栈花园住宅原为上海公和祥码头有限公司的高级职员住宅，解放后一度被分割居住。建筑南侧入口门廊有西班牙式的螺旋柱装饰，室内装饰精美，是典型的近代西式花园住宅，也是近代码头运输业的见证。

2003年3月19日公布为浦东新区登记不可移动文物。

青龙桥

新场镇 洪东街32号

清 代

浦东新区登记不可移动文物

清同治九年（1870）始建，光绪二十一年（1895）重修。南北走向，跨洪桥港。花岗石质，单跨平梁桥，全长19米，宽2.6米，桥墩用条石砌筑。桥面两侧刻有"青龙桥"字样及花纹。两侧桥联分别为："士农工贾乐亨云，南北东西资利往"，"彩虹晴接沧浸日，跑码遥联市井旺"。该桥具有江南水乡桥梁特色。

2010年3月23日公布为浦东新区登记不可移动文物。

新场镇

新场庆祉堂始建于清末，占地面积1038.59平方米，建筑面积1058.6平方米。系前店后宅格局，坐西朝东，砖木结构，四进院落。一进店面，面宽五间，有墙门间，入内有前中门墙；二进客堂，五梁架，南山墙外加筑一半边亭，入内为后中门墙；三进内宅，一正两厢二层楼房，南侧另建二进连通式楼房；四进杂用平房。宅后有独用石水桥。该建筑具有江南传统民居特色。

2010年3月23日公布为浦东新区登记不可移动文物。

庆祉堂

新场镇　新场大街233号

清　代

浦东新区登记不可移动文物

新场镇

屈平章宅

新场镇　新场大街53号

民　国

浦东新区登记不可移动文物

　　新场屈平章宅建于民国初年，占地面积563.99平方米，建筑面积407.31平方米。坐西朝东，砖木结构，共二进，皆面阔五间，硬山灰瓦顶。前进门面房，中间墙门，两侧店铺。入内中门墙，有砖雕门楼，左右各有边门入内。二进一正两厢，七架梁，正房客堂内梁枋有精细雕刻，左右各两开间厢房。该建筑具有江南传统民居特色。

　　2010年3月23日公布为浦东新区登记不可移动文物。

天主堂

惠南镇　人民西路 167 号

清　代

浦东新区登记不可移动文物

　　天主堂建于清光绪三十年（1904），后经历数次修葺。占地面积 282.6 平方米，建筑面积 282.6 平方米。大堂坐南朝北，砖木结构。面阔 9.6 米，进深 29.32 米，彩色玻璃铁窗，红瓦硬山顶。正立面为钟楼，三层，高约 30 米。该堂是当地重要的宗教活动场所。2010 年 3 月 23 日公布为浦东新区登记不可移动文物。

惠南镇

万安楼

高行镇　万安街101号

民　国

浦东新区登记不可移动文物

高行镇

　　万安楼原为土地神社，建于民国元年。坐北朝南，占地面积750平方米，建筑面积530平方米。混合结构二层，三开间，底层中间方形门洞，两侧立圆形倚柱，门楣饰拱券，有券心石。两旁各开矩形窗户，楣饰三角形山花。二层挑出通长阳台，四坡顶，深出檐以椽承托。白色水泥外墙，方形壁柱有花饰。"万安望月"曾为"高行八景"之一。

　　2003年3月19日公布为浦东新区登记不可移动文物。2008年修缮完成。

浦东新区登记不可移动文物　　117

王道宅

新场镇 朝阳路16号

清　代

浦东新区登记不可移动文物

　　王氏祖先建于清末，占地336.95平方米，建筑面积289.34平方米。四合院式，面宽五间，五架梁，砖木结构，硬山灰瓦顶，荷叶山头，前有围墙。原门额有"耆香别墅"字样。该建筑具有江南传统民居特色。

　　2010年3月23日公布为浦东新区登记不可移动文物。

王和生宅

新场镇　新场大街195号

民　国

浦东新区登记不可移动文物

新场镇

　　新场王和生宅由王和生父建于民国初年。前后四进深，共三十一间，占地面积682.82平方米，建筑面积913.95平方米。坐西朝东，前后四进，砖木结构，硬山红瓦顶。一进临街，面阔五间，宽15米，进深7.7米。入内中门墙，有砖雕门楼。二进一正二厢，正房二层楼，面阔15米，进深7.5米，七架梁。三进一正二厢二层楼房，面阔15米，进深7.5米，有走廊连通。四进临河，面间五间，宽15米，进深5.7米。两侧均是高大的风火墙，宅后有马鞍水桥一座。原先还有桥与市河西的小院相连。该建筑具有江南传统民居特色。

　　2010年3月23日公布为浦东新区登记不可移动文物。

王剑三故居

高东镇　金光村

民　国

浦东新区登记不可移动文物

　　王剑三故居为砖木结构一层，一正两厢三合院形式，屋顶分离，粉墙黛瓦，正厅七开间六架，明间排门后退一架，歇山式屋顶，穿斗屋架。厢房两开间四架，悬山屋顶。房屋整体较低矮，围墙大部分已毁。宅主王剑三为共产党地下工作者，后被国民党杀害。

　　2009年5月26日公布为浦东新区登记不可移动文物。

王老九宅

新场镇　新场大街187号

民　国

浦东新区登记不可移动文物

　　新场王老九宅建于民国初年。占地面积987.3平方米，建筑面积894.72平方米。前临街后靠市河，坐西向东，砖木结构，四进。一进临街，平房，中为墙门间，入内有仪门；二进大厅，平房，马赛克地坪；三进内宅，一正两厢二层楼房，有阳台连通，两端外山墙镶"喜"字；四进杂用平房。皆硬山灰瓦顶，清水墙面。宅后有马鞍水桥。该建筑具有江南传统民居特色。

　　2010年3月23日公布为浦东新区登记不可移动文物。

新场镇

王氏民宅

高桥镇　界浜路 19 弄 12～22 号（王新街 25 号）

清　代

浦东新区登记不可移动文物

高桥镇

　　王氏民宅建于光绪三十二年（1906）。建筑为一正两厢格局，东西均有附房，穿斗式木构架，一层，沿中轴线依次为仪门、天井、正厅、后天井。正厅五开间，梁柱粗大，传统雕花屏门及门窗，正南仪门高大，内侧有歇山方亭，原建筑天井上有玻璃雨棚。宅主王松云，为民国时浦东著名老营造商，后房屋一直由子孙继承，近年来被分割成多间出租，改建搭建严重，2008 年由浦东新区出资进行了保养维护，翻修屋面。王氏民宅是浦东地区一座规模较大、装饰精良的清代民居，是该地区传统民居的典型代表。

　　2003 年 3 月 19 日公布为浦东新区登记不可移动文物。

王氏祖先始建于清初,原有四进,现尚存三进。占地面积537.32平方米。建筑面积629.5平方米。坐西朝东,砖木结构。前进为门面房,入内有中门墙,砖雕门楼尚存。内宅一正两厢式房,五架梁,格扇门窗,木擎板。宅后另有房二间,宅后有自用马鞍水桥一座。该建筑具有江南传统民居特色。

2010年3月23日公布为浦东新区登记不可移动文物。

王树滋宅

新场镇　包桥街139弄

清　代

浦东新区登记不可移动文物

新场镇

王正泰宅建于民国初年，占地面积541.61平方米，建筑面积824平方米，有房三十五间，坐北朝南，砖木结构，四进院落。前三进为二层楼房，后一进为平房，皆硬山灰瓦顶。有围墙。该建筑具有江南传统民居特色。

2010年3月23日公布为浦东新区登记不可移动文物。

王正泰宅

新场镇　包桥街86弄6~39号

民　国

浦东新区登记不可移动文物

新场镇

吴氏民宅

陆家嘴街道　钱仓路316号

民　国

浦东新区登记不可移动文物

宅子主人吴妙生为挑夫，生有四子，其中大儿子为当地有名的买办，在大儿子帮助下，吴妙生盖了这所吴氏住宅。该宅建于民国十三年（1924），为江南四合院式民居。砖木结构，正立面朝南，二进一院，硬山小青瓦屋面，四周外墙为清水砖，嵌红砖饰带，立面采用西方古典装饰。厅屋内梁架、斗栱、格扇窗、漏窗均有中式雕刻。2005年3月31日，吴氏民宅被列入上海市第三批优秀历史建筑名单。

2014年8月11日公布为浦东新区登记不可移动文物。

奚家厅占地面积1351.93平方米,建筑面积940平方米,共有房三十五间,坐北朝南,三进院落。前为临洪西街二层楼门厅,面阔五间,中间穿堂大门,天井两侧设茶房。中为大厅,面阔三间,进深7.2米,九架梁,前出廊,弯椽,门额有精致雕刻。后为内宅,二层楼,两侧有厢房。皆砖木结构,面阔三间,歇山灰瓦顶,格扇门窗饰精细雕刻。前后天井各有中墙门,建砖雕门楼。该建筑具有江南传统民居特色。奚氏于明万历三年(1575)由奚懋儒始创奚长生药店于川沙,以秘制"紫金锭"中成药起家,明末迁至新场,奚长生老店就设于此。

2010年3月23日公布为浦东新区登记不可移动文物。

奚家厅

新场镇 洪东街122弄

清 代

浦东新区登记不可移动文物

新场镇

小湾区公所

唐镇　小湾村北街 11 号

民　国

浦东新区登记不可移动文物

　　小湾区公所位于上海市浦东新区唐镇王港小湾村二队，建于 1934 年。公所坐北朝南，占地面积 1950 平方米，建筑面积 677 平方米，砖木结构一层，一正两厢房，北面有单层配房，天井内有半圈回廊。白墙黑瓦，歇山屋顶，落地长窗，挂落木雕"喜上梅梢"。室内人物、花卉雕刻精细。

　　2003 年 3 月 19 日公布为浦东新区登记不可移动文物。

谢渭盛始创于清康熙年间，清末重建。占地面积40.3平方米，建筑面积80.6平方米。坐西北朝东南，砖木结构二层楼房，面阔二间，硬山灰瓦顶。是南汇地区保存较好的近代商贸类建筑。

2010年3月23日公布为浦东新区登记不可移动文物。

谢氏商铺

新场镇　新场大街399号

清　代

浦东新区登记不可移动文物

新场镇

新场崇修堂

新场镇　新场大街 350 号

清　代

浦东新区登记不可移动文物

清光绪三十三年（1907），康碧梅建。占地面积 426.6 平方米，建筑面积 456 平方米，坐东朝西，砖木结构，硬山灰瓦顶。前后四进。一、二进为门面房和大厅，面阔三间；三、四进为内宅，皆二层楼，面阔三间，进深 7 米和 6 米，两侧各两间二层楼厢房，有腰檐。该建筑具有江南传统民居特色。

2014 年 8 月 11 日公布为浦东新区登记不可移动文物。

新场江俌云宅

新场镇　洪西街 106 号

清　代

浦东新区登记不可移动文物

江俌云，曾任浦东电器公司董事长、上南交运公司总经理等职。江俌云宅建于清末，共有房二十二间，占地面积 718 平方米，建筑面积 528 平方米，坐北朝南，前后三进，砖木结构，灰瓦顶。一进临街门面房，面阔五间，中间为走廊。二进一正二厢楼房，通转走廊，格扇落地长窗。三进正房后两侧各有二层厢房一间。该建筑具有江南传统民居特色。

2014 年 8 月 11 日公布为浦东新区登记不可移动文物。

新和酱园

新场镇　新场大街349~359号

清　代

浦东新区登记不可移动文物

新场镇

　　道光年间浙江人钱鑫道创建，建筑原为叶姓住宅，建于清康熙年间。原为前店后作坊，有房六十间。现存门面房十二间，面阔六间，七架梁，二层楼，占地面积474.62平方米，建筑面积209.97平方米，坐西朝东，砖木结构，硬山灰瓦顶。后院为新建建筑。是南汇地区保存下来的少数古代店铺作坊式建筑之一。

　　2010年3月23日公布为浦东新区登记不可移动文物。

徐志超宅

大团镇　永春北路88弄28~30号

清　代

浦东新区登记不可移动文物

徐志超，民国时期工商业家，上海同兴袜厂创办人。该宅建于清末，占地面积878.15平方米，建筑面积653.95平方米，坐北朝南，三个院落并排相连，皆有石库门，面阔43.59米，进深20米。皆一正两厢一层平房，砖木结构，硬山灰瓦顶，灰白色外墙，门窗上方有花饰。具有中西合璧特色。2010年3月23日公布为浦东新区登记不可移动文物。

新场杨家厅始建于明代，前临街，后枕河，占地面积387.3平方米，建筑面积292.8平方米，共有房十九间，坐西朝东，三进院落。一进临街店铺兼门厅，面阔三间，中间穿廊。二进正厅，七架梁。三进二层楼房内宅。皆砖木结构，硬山灰瓦顶，荷叶山头风火墙。格扇门窗，砖石雕刻细腻。宅后有石水桥。该建筑具有江南传统民居特色。

2010年3月23日公布为浦东新区登记不可移动文物。

杨家厅

新场镇　新场大街131号

明　代

浦东新区登记不可移动文物

新场镇

杨社庙

新场镇　新场大街36号

清　代

浦东新区登记不可移动文物

新场杨社庙始建年代不详，清同治六年（1867）重建。现有房十四间，占地面积544.42平方米，建筑面积470.78平方米。坐东朝西，砖木结构，正房面阔30米，中间三间为大殿七架梁；两侧厢房各两间，面阔7.32米，进深7.36米，硬山灰瓦顶。原前有跨街戏台，已毁。原是当地重要的宗教活动场所。

2010年3月23日公布为浦东新区登记不可移动文物。

新场镇

洋泾农业银行旧址

洋泾街道　博山路202弄4号

民　国

浦东新区登记不可移动文物

洋泾街道

　　农业银行洋泾营业所原址位于博山路崮山路口，建筑面积约591平方米，中西合璧式，砖木结构二层，石库门式，现存三开间两进，均设两厢，红色机平瓦坡顶，青砖墙面，红砖线脚，门窗保留完整。该建筑建于民国期间，建成后曾作为银行、典当行、税务所、镇政府、农业银行营业所等使用。该宅布局规整、工艺考究，具有较高的历史、艺术、科学价值。已修缮完毕。

　　2003年3月19日公布为浦东新区登记不可移动文物。

叶氏花行

新场镇 洪西街120号

清 代

浦东新区登记不可移动文物

　　叶氏祖先创建于清光绪年间，占地面积684.68平方米，建筑面积543.83平方米，坐北朝南，四合院式，皆砖木结构，硬山灰瓦顶，共十八间。前面临街门厅，面阔七间，进深8米。正屋面阔五间，七架梁，两侧厢房四间，格扇门窗，门楣有精细雕饰，花边滴水瓦，沿口挂落，马头山墙。具有江南传统建筑特色。

　　2010年3月23日公布为浦东新区登记不可移动文物。

新场镇

以道堂、以德堂

川沙新镇　北城壕路84~88号

民　国

浦东新区登记不可移动文物

该建筑建于1934年，占地面积945平方米。建筑分为两个相同的部分，分别为以道堂和以德堂，中间隔有一条形天井。建筑坐北朝南，两个部分均为两进三庭心，整体为砖混结构。典型的石库门特点的平面布局，建筑平面上分为两路，中间有巷道隔开，两路建筑完全相同，都为一正两厢格式，却不共墙，建筑占地面积较大。细部为砖、木混合结构。入口仅门为石库门，形式简单，用水泥材料塑造简洁的线脚。山墙采用清水砖墙，顶部做水泥花饰，部分砖上雕刻了"倪增茂"、"倪荣记"字样。主体屋顶为双坡屋顶，青瓦屋面，厢房局部屋顶为水泥晒台。院落地坪为预制水泥分格铺地，室内一层为方砖、木地板铺地，二层楼板则采用木格栅做法。建筑山墙顶部，基座部分均有简单的线脚处理，内部装修为传统形式。建筑材料和工艺上运用了木材、清水砖，局部使用了水泥。2014年8月11日公布为浦东新区登记不可移动文物。

易氏宅

新场镇 洪东街42～46号

明　代

浦东新区登记不可移动文物

　　始建于明代，占地面积1446.43平方米，建筑面积976.2平方米，有平房四十六间，坐北朝南，砖木结构，四进院落。一进为墙门兼门面店铺，面宽三间，五架梁。后三进皆三面游廊，一正两厢格局。硬山灰瓦顶，格扇门窗。原有中墙门已不存。该建筑具有江南传统民居特色。

　　2010年3月23日公布为浦东新区登记不可移动文物。

新场镇

由隆花园住宅

陆家嘴街道　滨江1号

清末民初

浦东新区登记不可移动文物

陆家嘴街道

　　由隆花园住宅由英美烟草公司股东建于1902～1920年间，以当地游龙路谐音取名。坐北朝南，占地面积500平方米，建筑面积近200平方米，砖混结构两层，砖砌拱券窗洞，红瓦四坡屋顶，卵石面外墙，屋内采用传统的金钱图案作装饰。由隆花园住宅是浦东新区少见的紧邻黄浦江的花园住宅。

　　2003年3月19日公布为浦东新区登记不可移动文物。

原马勒船厂办公楼、别墅

沪东街道　浦东大道2581号

民　国

浦东新区登记不可移动文物

沪东街道

　　马勒船厂为1928年英商创建，设有码头、工场和500吨级船排，以修船为主，占地面积87万平方米，建筑面积38万平方米。现存原办公大楼，建于1938年至1941年间，坐南朝北，钢筋混凝土结构四层（现增一层）。占地面积620平方米，建筑面积为2561平方米，现代建筑风格。转角作弧形处理，以贯通四层的窗框和窗间柱突出竖向构图，平顶，方形门窗，水泥砂浆墙面画水平线条，磨石子地坪，木护壁板。公馆占地面积402平方米，建筑总面积816平方米，混合结构二层（现增一层），立面不对称布置，西部入口，挑出通长雨厦；东部圆形外凸。平顶，钢窗钢门，水泥拉毛外墙。屋后有小花园。

　　2003年3月19日公布为浦东新区登记不可移动文物。

张氏住宅

周浦镇 川周公路 4436 号

清 代

浦东新区登记不可移动文物

周浦张氏住宅由张仪章建于清光绪年间（1875～1908）。一正二厢二层楼房，占地面积131.99平方米，建筑面积243.14平方米。南门进出，砖木结构，阶梯形山墙饰绶带纹，灰砖清水外墙，窗裙墙用水泥粉刷。整幢建筑小而紧凑，具中西合璧特色。

2010年3月23日公布为浦东新区登记不可移动文物。

张小乙宅

新场镇　新场大街 283 号

民　　国

浦东新区登记不可移动文物

新场镇

　　新场张小乙宅由张小乙父建于民国初年，民国二十五年（1936）修葺。占地面积 122.4 平方米，建筑面积 367.2 平方米，坐北朝南，砖木结构三层楼，正立面仿西式竖三段构图。中间底层面阔三间，进深 7 米，主入口有门廊，二层封闭式阳台，三层露台，设水泥栏杆。两侧逐层后退，格扇窗，有腰檐。歇山灰瓦顶，白色水泥外墙。原有花园、假山、三曲桥等，皆毁。现用作文化服务中心办公室和老年人活动室。这是新场镇唯一的一幢日式楼房。

　　2010 年 3 月 23 日公布为浦东新区登记不可移动文物。

贞节牌坊坐北朝南，花岗石构筑。现仅存二中柱、东边柱、小额枋。中柱均高4.3米，正方形每边宽0.45米，上有3根石横梁，下面1根雕花。东边柱高3.18米，正方形，每边长0.4米，上有1根石横梁。二中柱正、背面皆有楹联。正面为："节为女宗持风化者贞此"，"何以善期楼□□□苦□"。背面为"立枋世来他年苦中长流"。其余字迹及雕刻多剥蚀难辨。是南汇地区保存较好的少数牌坊之一。

2010年3月23日公布为浦东新区登记不可移动文物。

贞节牌坊

新场镇　新南村3组

明　代

浦东新区登记不可移动文物

新场镇

郑生官宅

新场镇　新场大街 190 号

清　代

浦东新区登记不可移动文物

新场郑生官宅建于清代，占地面积 619.5 平方米，建筑面积 750 平方米。坐西朝东，砖木结构，三进院落。一进三开间门面房，二层楼，底层排门，楼上木裙板、玻璃窗。入内中门墙，歇山瓦顶门楼，其上有砖雕人物等图案。二、三进四合院布局，分别进深 6.8 米和 8 米，三层楼，硬山灰瓦顶，二、三层楼三面走廊，安铸铁栏杆，玻璃门窗。宅后原有一进小屋已被拆除。宅后有马鞍水桥。该建筑具有江南传统民居特色。

2010 年 3 月 23 日公布为浦东新区登记不可移动文物。

新场镇

正顺酱园

新场镇　新场大街137号

清　代

浦东新区登记不可移动文物

新场正顺酱园建于清道光年间。占地面积1235.58平方米，建筑面积989.36平方米，砖木结构，硬山灰瓦顶，前店后作坊格局。现存房屋二十间，临街建高围墙，中设石库门。进门为一排店堂。后面是三进坐西朝东的制作工场和露天晒场。后临市河，原有水桥和木桥各一座，已毁。是南汇地区现存的少数古代店铺作坊式建筑之一。

2010年3月23日公布为浦东新区登记不可移动文物。

中美火油公司东沟油库办公楼

沪东街道　浦东大道 3211 号

民　国

浦东新区登记不可移动文物

沪东街道

　　中美火油公司，始建于 1921 年。目前，库区还保存着当时的办公楼、栈房和储油罐，在黄浦江边还有当时的码头石墩。办公楼为一座二层西式别墅，坐东朝西，面向黄浦江。占地 145 平方米，建筑面积 290 平方米。外观完好，正立面部分为汰石子墙面。内部结构完善，大部分房间有壁炉，木质结构楼梯。办公楼南面有一座规模较大的二层厂房，即当时的油栈房。占地面积约 2500 平方米。里面分为仓库和润滑车间。厂房为铆钉铁门，里面有八角形水泥柱。整个厂房平面呈长方形。此厂房东面原还有一座仓库，旁边还有输油设备用房，现已不存。油栈房，占地面积 2450 平方米，建筑面积 4900 平方米。建筑层数两层，为无梁楼板结构，平屋顶，有泛水。建筑坐东朝西，横向四跨，共 24 米；纵向十六开间，长 100 米。建筑西侧有两部宽阔平缓的室外楼梯通达二层。

　　2010 年 3 月 23 日公布为浦东新区登记不可移动文物。

中山堂

惠南镇　南门大街41号

民　国

浦东新区登记不可移动文物

　　惠南镇中山堂由南汇县县长袁希洛于民国二十二年（1933）倡建。占地面积658平方米，建筑面积658平方米，面阔五间24.68米，进深五间23米。坐北朝南，砖木结构，东、南、西三面有回廊，回廊深2.1米，东边置美人靠，老角梁外端雕刻呈龙头状。木窗、木立柱，歇山黑色琉璃瓦顶。现作为会务场所使用。该堂是南汇地区保存较好的中西合璧式建筑。

　　2010年3月23日公布为浦东新区登记不可移动文物。

惠南镇

周冲宅

宣桥镇　三灶北街6号

清　代

浦东新区登记不可移动文物

　　宣桥周冲宅为周冲祖父建。占地面积1197.78平方米，建筑面积887.37平方米。一正两厢式，中为南北长廊，平房三十五间，正房坐北朝南，面阔九间，砖木结构，硬山灰瓦顶。该宅具有江南传统民居特色。

　　2010年3月23日公布为浦东新区登记不可移动文物。

宣桥镇

朱梦荣宅始建于清末，占地面积442.5平方米，建筑面积564平方米。坐西朝东，前后共三进，共二十六间。前进门面房，二层楼；入内中门墙，砖雕门楼，有"欢喜坚固"和"厚德载福"字样。二进客堂，平房。三进内宅为楼房。皆砖木结构，面阔三间，硬山灰瓦顶，四边风火围墙，荷叶山头。格扇门窗。该建筑具有江南传统民居特色。

2010年3月23日公布为浦东新区登记不可移动文物。

新场镇

朱梦荣宅

新场镇　新场大街375～379号

清　代

浦东新区登记不可移动文物

朱玉林宅

新场镇　新场大街87号

明　代

浦东新区登记不可移动文物

　　新场朱玉林宅始建于明代，后陆续扩建，形成前街后市河格局，占地面积907平方米，建筑面积772.42平方米，坐西向东，共有房二十四间。四进院，砖木结构，硬山灰瓦顶。第一进临街为门面房兼墙门间，第二、三、四进皆一正二厢房格局，后临新港市河。格扇门窗，雕花梁枋。屋后有石水桥。该建筑具有江南传统民居特色。

　　2010年3月23日公布为浦东新区登记不可移动文物。

新场镇

朱正源宅

新场镇 新场大街71号

清　代

浦东新区登记不可移动文物

新场朱正源宅建于清代，是朱正源祖上建。占地面积383.72平方米，建筑面积328.12平方米。为前店后宅式建筑。坐西朝东，共四进，一、二进均为平房，三进内宅为二层楼房，四进为辅助用平房，皆砖木结构，硬山灰瓦顶，荷叶山头，格扇门窗。宅后有独用水桥。该建筑具有江南传统民居特色。

2010年3月23日公布为浦东新区登记不可移动文物。

新场镇

庄家祠堂

陆家嘴街道 栖霞路 11 号

民 国

浦东新区登记不可移动文物

庄家祠堂坐北朝南，两进院，东西向以建筑的明间为中轴线左右对称，占地面积为 522 平方米，建筑总高度为 7.66 米。正厅为民国所建的传统木结构厅堂，五开间，进深七架。抬梁结构，歇山顶，带抱厦。后厅面阔七间，穿斗式歇山屋顶。祠堂西南为一木结构半亭，攒尖顶，平面为八角亭的一半。经了解考证，庄家祠堂为 20 世纪 30 年代中期浦东张氏家族所建，当时家长为张锡华先生。该祠堂原名"颐华别墅"，在张锡华先生过世后，附房为牌位存放之所，后家族牌位陈放于此，正厅主要为偶尔接待会客之用。此后逐渐被称为"张家祠堂"，又误传为"庄家祠堂"。该处房产在解放后被收归国有，之后作为办公及学习场所。20 世纪 70 年代开始，庄家祠堂由栖霞小学使用。祠堂正厅主要作为学生的室内活动场地，附房为教工的办公场所，并沿用至今。祠堂整体保存完整，为同时期较少的带有抱厦的祠堂建筑，内部的木雕及柱础的雕饰十分精美，具备了相当高的艺术和文物价值。

2003 年 3 月 19 日庄家祠堂公布为浦东新区登记不可移动文物。

索 引

川沙新镇

曹氏民宅 80
川沙古城墙 25
川沙天主堂 26
丁家花园 82
傅家祠堂 84
黄炎培故居 10
林钧故居 39
六灶城隍庙 103
六灶古戏台 41
七灶天主堂 48
上川铁路川沙站旧址 51
宋氏家族居住纪念地 53
陶桂松住宅 56
以道堂、以德堂 137
岳碑亭 69
朱家店抗日之战纪念地点 75

大团镇

吴仲超故居 59
徐志超宅 132

高东镇

高东黄氏民宅 86
黄月亭旧居 90
王剑三故居 120
吴家祠堂 58

高行镇

杜宅（杜家祠堂）29
李平书墓纪念地 38
万安楼 117
杨氏民宅 64
喻氏民宅 68

高桥镇

蔡氏民宅 79
东炮台遗址 28
高桥海塘抢险纪念地点 32
高桥黄氏民宅 33
高桥敬业堂 34
高桥仰贤堂 8
高桥至德堂 87
老宝山城遗址 12
凌桥杨氏民宅 100
凌氏民宅 101
太平天国烈士墓 16
王氏民宅 122

川沙新镇

永乐御碑 67
钟家祠堂 72
钟氏民宅 73

航头镇

傅雷故居 85
航头城隍庙 88
永济桥 66
朱家潭子 76

合庆镇

陶家宅1号 57

沪东街道

原马勒船厂办公楼、别墅 140
中美火油公司东沟油库办公楼 146

花木街道

李白等十二烈士就义纪念地 37
严桥遗址 63

惠南镇

大成殿 27
南汇古城墙遗址 42
潘氏宅 47
天主堂 116
中山堂 147
钟亭及铜钟 74

康桥镇

横沔顾家楼天主堂 35
华氏宅 89
林石城故居 99
领报堂 102
翊园 22

老港镇

中国第一枚自行设计制造的试验
探空火箭 T-7M 发射场遗址 71

陆家嘴街道

陈桂春住宅 6
陈氏住宅 81
江海北关浦东办公楼 92
浦东开发办公室 111

南码头街道

其昌栈花园住宅 112
钦赐仰殿大殿 50
吴氏民宅 125
由隆花园住宅 139
庄家祠堂 152

南码头街道

南码头临江民宅 105
上海溶剂厂近代建筑群 52
杨斯盛故居、杨斯盛墓及
杨斯盛铜像 65

泥城镇

静心禅院 94
南汇县保卫团第二中队队部遗址 43
泥城暴动党支部活动遗址 46

三林镇

庞松舟住宅 109
汤氏民宅 55

唐镇

洪德桥 36
培德商业学校旧址 110
小湾公所 127

潍坊街道

江海南关验货场旧址 93

新场镇

保佑桥 24
方大复宅 83
嘉乐堂 91
雷坛桥 95
李锦伯宅 96
陆氏宅 104
南山寺 45
潘氏北宅 107
潘氏南宅 108
千秋桥 49
青龙桥 113
庆祉堂 114
屈平章宅 115
王道宅 118
王和生宅 119
王老九宅 121
王树滋宅 123

王正泰宅 124
奚家厅 126
谢氏商铺 128
新场崇修堂 129
新场第一楼书场 18
新场江倬云宅 130
新场信隆典当 20
新场耶稣堂 60
新场张氏宅第 61
新场镇石驳岸及马鞍水桥 62
新和酱园 131
杨家厅 133
杨社庙 134
叶氏花行 136
易氏宅 138
张小乙宅 142
贞节牌坊 143
郑生官宅 144
正顺酱园 145
朱梦荣宅 149
朱玉林宅 150
朱正源宅 151

宣桥镇

周冲宅 148

洋泾街道

李氏民宅 97
民生码头 14
洋泾农业银行旧址 135

张江镇

艾氏民宅 78

周浦镇

傅雷旧居 31
苏家宅（东湖山庄）54
张氏住宅 141
浙宁会馆 70

祝桥镇

反抽丁农民运动集会遗址 30
李氏住宅 98
六墩天主堂 40
南汇县保卫团第四中队队部遗址 44
南宋古海塘 106
张闻天故居 2

高桥镇

蔡氏民宅　凌桥杨氏民宅
东炮台遗址　凌氏民宅
高桥海塘抢险纪念地点　太平天国烈士墓
高桥黄氏民宅　王氏民宅
高桥敬业堂　永乐御碑
高桥仰贤堂　钟家祠堂
高桥至德堂　钟氏民宅
老宝山城遗址

陆家嘴街道

陈桂春住宅
陈氏住宅
江海北关浦东办公楼
浦东开发办公室
其昌栈花园住宅
钦赐仰殿大殿
吴氏民宅
由隆花园住宅
庄家祠堂

洋泾街道

李氏民宅
民生码头
洋泾农业银行旧址

潍坊街道

江海南关验货场旧址

花木街道

李白等十二烈士就义纪念地
严桥遗址

南码头街道

南码头临江民宅
上海溶剂厂近代建筑群
杨斯盛故居、杨斯盛墓及杨斯盛铜像

三林镇

庞松舟住宅
汤氏民宅

周浦镇

傅雷旧居
苏家宅（东湖山庄）
张氏住宅
浙宁会馆

航头镇

傅雷故居
航头城隍庙
永济桥
朱家潭子

新场镇

保佑桥	青龙桥	新场崇修堂	杨社庙
方大复宅	庆祉堂	新场第一楼书场	叶氏花行
嘉乐堂	屈平章宅	新场江俌云宅	易氏宅
雷坛桥	王道宅	新场信隆典当	张小乙宅
李锦伯宅	王和生宅	新场耶稣堂	贞节牌坊
陆氏宅	王老九宅	新场张氏宅第	郑生官宅
南山寺	王树滋宅	新场镇石驳岸及	正顺酱园
潘氏北宅	王正泰宅	马鞍水桥	朱梦荣宅
潘氏南宅	奚家厅	新和酱园	朱玉林宅
千秋桥	谢氏商铺	杨家厅	朱正源宅

浦东文化遗产　不可移动文物

高东镇
高东黄氏民宅
黄月亭旧居
王剑三故居
吴家祠堂

高行镇
杜宅（杜家祠堂）
李平书墓纪念地
万安楼
杨氏民宅
喻氏民宅

沪东街道
原马勒船厂办公楼、别墅
中美火油公司东沟油库办公楼

合庆镇
陶家宅1号

唐镇
洪德桥
培德商业学校旧址
小湾区公所

张江镇
艾氏民宅

川沙新镇
曹氏民宅
川沙古城墙
川沙天主堂
丁家花园
傅家祠堂
黄炎培故居
林钧故居
六灶城隍庙
六灶古戏台
七灶天主堂
上川铁路川沙站旧址
宋氏家族居住纪念地
陶桂松住宅
以道堂、以德堂
岳碑亭
朱家店抗日之战纪念地点

康桥镇
横沔顾家楼天主堂
华氏宅
林石城故居
领报堂
翊园

祝桥镇
反抽丁农民运动集会遗址
李氏住宅
六墩天主堂
南汇县保卫团第四中队队部遗址
南宋古海塘
张闻天故居

老港镇
中国第一枚自行设计制造的
试验探空火箭 T-7M 发射场遗址

宣桥镇
周冲宅

大团镇
吴仲超故居
徐志超宅

泥城镇
静心禅院
南汇县保卫团第二中队队部遗址
泥城暴动党支部活动遗址

惠南镇
大成殿
南汇古城墙遗址
潘氏宅
天主堂
中山堂
钟亭及铜钟

后 记

《浦东文化遗产：不可移动文物》是介绍浦东文化遗产的系列丛书之一，今后我们还将继续对浦东的文化遗产进行整理，力图更全面地展现浦东的历史文脉。

本书的照片资料部分来源于2006～2007年的浦东文物摄影比赛，其他由各街镇文保专管员、浦东新区文物保护管理所工作人员、不可移动文物业主或管理人员等提供。还有许多单位和个人为本书的出版作出了贡献，在此一并致谢。

本书不足疏漏之处，敬希指正。

图书在版编目(CIP)数据

浦东文化遗产：不可移动文物/上海市浦东新区文物保护管理所编.—上海：上海古籍出版社，2016.10
ISBN 978-7-5325-8039-2

Ⅰ.①浦… Ⅱ.①上… Ⅲ.①文物—浦东新区—图录 Ⅳ.①K872.510.2

中国版本图书馆CIP数据核字(2016)第059134号

浦东文化遗产：不可移动文物

上海市浦东新区文物保护管理所 编
上海世纪出版股份有限公司
上 海 古 籍 出 版 社 出版
(上海瑞金二路272号 邮政编码200020)
(1) 网址：www.guji.com.cn
(2) E-mail：guji1@guji.com.cn
(3) 易文网网址：www.ewen.co
上海世纪出版股份有限公司发行中心发行经销
丽佳制版印刷有限公司印刷
开本787×1092 1/16 印张10.25 插页4
2016年10月第1版 2016年10月第1次印刷
ISBN 978-7-5325-8039-2
K·2187 定价：128.00元
如有质量问题，请与承印公司联系